Ralf Niemzig

ALTES LAND

Die norddeutsche Heimatküche. 50 Rezepte

50 typische Küchenschätze & Kultrezepte

CHRISTIAN

INHALT

EET, WAT GOR IS.
DRINK, WAT KLOR IS.
SECH, WAT WOHR IS.

– PLATTDEUTSCHE REDENSART

VORWORT

Gerne schaue ich auf das Etikett, wenn ich im Handel Obst aus Deutschland kaufe. Als Verpackungsort finde ich häufig Jork im Alten Land, nicht weit von mir auf der anderen Elbseite, oder Grafschaft im Rheinland, eine Nachbargemeinde des Dorfes meiner Jugend. Nach dem Alten Land ebenfalls ein wichtiges Obstanbaugebiet in Deutschland.

Vor einigen Jahren hatte ich eine Studentin aus dem Alten Land in meinem Fotokurs. Ihre Eltern hatten einen Obsthof im Marschland des Alten Landes. Genauso wie ich war sie zwischen Obstplantagen auf dem Land groß geworden. An meine Jugend erinnert, erzähle ich ihr von meinem kleinen 800-Seelen-Dorf. Man kannte sich und war nicht selten miteinander verwandt, nur ich als Zugezogener war eher ein Außenseiter. Mein Vater hatte nach vielen Umzügen quer durch Deutschland in der nahen Bundeshauptstadt Bonn eine Arbeit in einem Ministerium angenommen.

Auch wenn die Studentin gerade im Begriff war, das Dorfleben hinter sich zu lassen und das Stadtleben Hamburgs zu erobern, mussten wir über unsere vergleichbaren Dorfgeschichten schmunzeln. Irgendwie kamen wir auf Schmitz Hübsch zu sprechen. Er war der größte Obstbauer in meinem Dorf und ich war überrascht, dass dieser Betrieb ihr etwas sagte. Dieser Landwirt, so erzählte sie mir, sei unter Apfelbauern für seine Methoden und Beiträge zur Entwicklung neuer Apfelsorten bekannt und geschätzt. Wie klein die Welt doch ist. Wow, mein kleines Dorf hatte einen viel beachteten Platz im Obstgarten Deutschlands!

Dieses Buch ist eine Reise durch die einzigartige Kulturlandschaft des Alten Landes vor den Toren Hamburgs und zu ihren Menschen. Gleichzeitig ist es auch eine Reise in meine Jugend in einem kleinen rheinländischen Dorf inmitten von Apfelplantagen. Es sind Geschichten, wie sie auch im Alten Land hätten passieren können.

Ich habe mich auf die Suche gemacht, was die Marsch und auch die vorgelagerte Geest heute kulinarisch zu bieten haben. Mir ging es dabei sowohl um Traditionen, Klassiker als auch Neukreationen. Ich entdeckte Vertrautes, aber auch Überraschendes, zumeist herrlich einfache Rezepte zum Nachkochen und interessante Geschichten von den Menschen dahinter.

Guten Appetit!

DIE HOLLÄNDER UND DAS ALTE LAND

DIE HOLLÄNDER UND DAS ALTE LAND

Sumpfig und unbewohnbar war die Marsch. Zweimal täglich kam die Elbflut und überschwemmte das Land. Lange schaute man diesem Naturphänomen am unbewohnbaren Elbufer zu, bis um 1130 holländische Emigranten, seit Generationen erfahren im Umgang mit den Gezeiten und im Küstenschutz, sich an die Arbeit machten. Sie deichten das Land ein und entwässerten es über lang angelegte Kanäle. So machten sie das fruchtbare Marschland am Elbufer für die Besiedlung und Bewirtschaftung urbar. Das passierte in drei Etappen ostwärts: 1140 wurde die erste Meile zwischen den Flüssen Schwinge und Lühe eingedeicht. Der zweite Abschnitt erfolgte zum Ende des 12. Jahrhunderts von der Lühe bis zur Este, ebenfalls ein kleiner Fluss im Alten Land. Die Eindeichung des dritten Abschnitts, von der Este bis zu Süderelbe, einem Seitenarm der Elbe, erfolgte dann im 15. Jahrhundert. Neu war das Land während der Eindeichung und Entwässerung, zum Altland wurde es mit der Besiedelung und Bewirtschaftung. Gedankt hat man es den Holländern mit der Übereignung des neu kultivierten Landes und weitgehender Autonomie und Selbstverwaltung. Viele dieser Strukturen sind noch immer sichtbar. In der Endung »cop« vieler Dorfnamen erkennt man bis heute den Ursprung der ersten holländischen Siedler.

Zu Reichtum kamen die Hollern (Holländer), indem sie das Land bewirtschafteten und mit ihren Produkten die nahe gelegenen Hansestädte Stade, Buxtehude und Hamburg versorgten. Die angelegten Kanäle und die Flüsse Lühe und Este dienten ihnen dabei als Wasserstraßen, um auf Flachbodenschiffen ihre frischen Waren auf die Märkte zu bringen. Der Wohlstand zeigte sich in einer für das Alte Land typischen Architektur wie den großen prachtvollen Fachwerkhäusern mit opulent und reich verzierten Eingangspforten zum Hof. Sie wurden zum Markenzeichen der Landwirte aus dem Alten Land.

Während man sich in Vierlanden, ebenfalls eine Elbmarschregion vor den Toren Hamburgs, auf Ackerbau und Anpflanzung von Gemüse konzentrierte, spezialisierte man sich im Alten Land schon früh auf den Obstanbau. Bereits 1320 begann man dort damit. Heute ist das Alte Land das größte geschlossene Obstanbaugebiet in Nordeuropa. Seit einiger Zeit bemüht man sich darum, als einzigartige bäuerliche Kulturlandschaft von der UNESCO anerkannt zu werden.

Heinrich Stechmann
Anna Stechmann geb. Detje
13. Mai 1939
36

Peters
JOHANHINRICHGAHDE

Bleibt der Scholle
treu – Ehret durch Tat
und Vorbild die Arbeit
die uns ernährt
Heinrich Stechmann
36

KARTOFFEL-APFEL-QUARK-AUFLAUF

4 Portionen

800 g festkochende Kartoffeln
3 säuerliche Äpfel
20 g Butter
Salz, Pfeffer, Muskat
250 g Speisequark
125 ml süße Sahne
1 Eigelb
200 g geriebener Käse (z.B. Emmentaler oder Gouda)
1 Bund Schnittlauch

Kartoffeln waschen und im Topf mit Wasser je nach Größe circa 20 Minuten kochen. Die Kartoffeln sollten noch Biss haben. Wenn sie zu lang gekocht werden, fallen sie auseinander.

Die Äpfel schälen, entkernen und in Scheiben schneiden. Die abgekühlten Pellkartoffeln ebenfalls in Scheiben schneiden.

Eine Auflaufform oder vier kleine Portionsformen mit Butter einfetten und die Äpfel und Kartoffelscheiben wechselweise aufschichten. Beides mit Salz, Pfeffer und Muskat würzen.

Den Quark mit der Sahne und einem Eigelb verquirlen und über die Apfel-Kartoffel-Schichten verteilen. Alles mit geriebenem Käse bestreuen und im vorgeheizten Ofen bei 180 °C, je nach Höhe der Form, etwa 1 Stunde backen.

ANRICHTEN

Den Auflauf mit Schnittlauchröllchen bestreuen und servieren.

TIPP

Anstelle der Äpfel kann man auch Schinken und/oder Zwiebeln verwenden.

STURM

MONDSCHEIN AUF
WÄLDERN, DUNKEL UND
TIEF,
WOLKEN VOM NORDWIND
GETRIEBEN
WIE EIN ZERRISSENER
LIEBESBRIEF
VON TREULOSER HAND
EINST GESCHRIEBEN.

GELLENDES KREISCHEN IM
SCHWARZEN GEÄST,
STURMLIEDER, GRAUSIGER
PRACHT VOLL,
TOBE, ORKAN, ICH STEHE
HIER FEST,
FÜHLE MICH SICHER UND
MACHTVOLL.

NIE FASST MICH SCHWINDEL
AUF SENKRECHTEM FELS
BEI DEINEM SCHIMPFEN
UND TOBEN,
KÜHNRE GEDANKEN IM
HERZEN ICH WÄLZ',
WILD VON DEM BRAUSEN
UMSTOBEN.

BRÜLLE UND HEULE NUR
TOLL DARAUF ZU,
GUT PASSEN BEID' WIR
ZUSAMMEN,
BESSER ALS FAULEN IN
LEBLOSER RUH
IST ZU VERBRENNEN IN
FLAMMEN.

HERMANN LÖNS (1866–1914)

VINCINETTE UND DAS ALTE LAND

VINCINETTE UND DAS ALTE LAND

An der Küste wird nicht lange drum herumgeredet. Wenn Sturm droht, braucht es klare Ansagen und schnelles Handeln. Zu häufig hat der Blanke Hans, wie der Sturm an der Nordsee genannt wird, seinen Tribut gefordert. Das hat die Menschen geprägt.

Nach einem Sturm ist auch immer die Zeit vor dem nächsten. Keen nich will diecken, de mutt wieken (wer nicht will deichen, der muss weichen), heißt es schon lange im Alten Land. Wer hier leben will, muss mit anpacken und über seinen Teil des Deiches wachen. Dieses jahrhundertealte Spatenrecht, Vorläufer des heutigen Deichrechts, besagt, dass jeder, der nicht seinen Aufgaben gegenüber der Gemeinschaft ausreichend nachkommt, seinen Deichabschnitt und sein dahinter geschütztes Land verliert. Hatte der Deichgraf einmal einen Spaten in den Deich gesteckt, verlor der bisherige Besitzer sein Recht und jener, der den Spaten herauszog, übernahm Deichabschnitt und Land.

1962 hielten die Deiche nicht stand. Es war die letzte große Sturmflut, die Hamburg und auch das Alte Land traf. Der damalige Hamburger Innensenator Helmut Schmidt handelte rasch über staatliche Bürokratie hinweg und rettete so viele Menschenleben. Die Hanseaten sind ihm bis heute dafür dankbar. Orkan Vincinette wütete in der Nacht vom 16. auf den 17. Februar 1962 über die Elbmarschen und die Hansestadt. Im Alten Land brach als Erstes der Lühedeich, das führte zu einer Überflutung mit erheblichen Schäden. Die Altländer schauen nicht erst seitdem nervös auf Tiefdruckgebiete, die sich aus Westen in Richtung der deutschen Bucht nähern und das Wasser in die Elbe flussaufwärts drücken.

Als Konsequenz aus der Sturmflut wurde neben der Vordeichung des Alten Landes unter anderem auch das äußere Este-Sperrwerk 1964 bis 1967 errichtet und 1996 in seinen heutigen Zustand gebracht.

Auch wenn Sturmfluten an der Nordsee im Herbst und Winter zum Alltag gehören, schaut man hier trotzdem besorgt in die Zukunft. Das gesamte Gemeindegebiet ist im Extremfall gefährdet. Durch die Sturmfluten der Vergangenheit sind die Elbstrände im Alten Land schmaler geworden. Zum Schutz der Deiche denkt man auch hier, wie auf so mancher Nordseeinsel, über Sandaufschüttungen nach. Kritisch werden von vielen Altländern seit Jahrzehnten die stetigen Elbvertiefungen beäugt. Die größeren Wassermassen und die schnellere Fließgeschwindigkeit der Elbe erhöhen die Gefahr einer erneuten Katastrophe, insbesondere dann, wenn der Deichausbau nicht mit den Intervallen der Elbvertiefungen gleichziehen kann.

1675/76
TWIELENFLETHER
SCHWEDENSCHANZE
NACH DEN ERKENNTNISSEN
DER GROSSEN STURMFLUT
VOM FEBRUAR 1962
WURDE DIESER SCHUTZDEICH ERBAUT
1975

Die Sturmflut von 1962

LABSKAUS MIT SPIEGELEI UND ROLLMOPS

4 Portionen

500 g gepökelte Rinderbrust
1 Lorbeerblatt
3 Gewürznelken
2 Wacholderbeeren
500 g mehligkochende Kartoffeln
1 Zwiebel
250 g vorgegarte Rote Bete
50 ml Rote-Bete-Saft
4 Gewürzgurken
100 ml Fleischbrühe
Salz, frisch gemahlener schwarzer Pfeffer
4 Eier
1 EL Butter
2 EL fein geschnittene Petersilie
4 Matjesfilets oder Bismarckheringe
Petersilie, Sprossen, Rote-Bete-Würfel und Essiggurken zum Garnieren

Das Rindfleisch mit den Gewürzen in einem Topf mit Wasser aufkochen und 1 Stunde köcheln lassen, bis das Fleisch gar ist. Die Kartoffeln waschen, schälen, vierteln und in der letzten ½ Stunde mitkochen lassen.

Alle Zutaten aus dem Sud heben und etwas abkühlen lassen. Die Kartoffeln stampfen.

Die Zwiebel abziehen und grob zerteilen, ebenso die Hälfte der Roten Bete. Das Rindfleisch mit der Zwiebel und der Roten Bete durch einen Fleischwolf drehen, dann mit den Kartoffeln und dem Rote-Bete-Saft vermischen. Die restliche Rote Bete und die Gewürzgurken würfeln und unter die Kartoffel-Fleisch-Masse mischen. So viel Fleischbrühe angießen, bis die richtige Konsistenz, nicht zu fest und nicht zu breiig, erreicht ist. Mit Salz und Pfeffer abschmecken.

Die Eier in Butter zu Spiegeleiern braten und mit Salz und Pfeffer würzen.

ANRICHTEN

Die Kartoffel-Fleisch-Masse auf Tellern verteilen – gleichmäßig rund wird sie mithilfe von großen Dessertringen oder Spiegelei-formen. Mit je einem Spiegelei belegen. Rote-Bete- und Gurken-würfel daneben anrichten, mit Matjesfilets oder Bismarckhering belegen und mit Petersilie und Sprossen garniert servieren.

RUNDSTÜCK WARM – DER WAHRE HAMBURGER IN HAMBURG

4 Portionen

600 g Rinder- oder Schweinebraten
1 EL Senf
Salz, frisch gemahlener schwarzer Pfeffer
1 große Zwiebel
1 Bund Suppengrün
2 EL neutrales Öl
700 ml Gemüsebrühe
dunkler Saucenbinder
½ Becher Crème fraîche
Zucker
4 frische, knusprige »Rundstücke« oder Brötchen nach Wahl
Essiggurken, Tomaten, Salat und Petersilie zum Garnieren

Den Backofen auf 180 °C Ober-/Unterhitze vorheizen. Das Fleisch abwaschen, trockentupfen und mit Senf, Salz und Pfeffer würzen. Die Zwiebel abziehen und würfeln, das Suppengrün putzen und klein schneiden.

Das Öl in einem Bräter erhitzen. Das Fleisch darin scharf anbraten. Zwiebelwürfel und Suppengrün zugeben und den Bräter in den vorgeheizten Backofen schieben.

Nach etwa 50 Minuten den Braten wenden, die zuvor aufgekochte Gemüsebrühe angießen und weitere 50 Minuten garen. Nach Ende der Bratzeit den Saft in einen Topf abgießen, den Braten im Ofen warm halten. Den Bratensaft aufkochen, mit Saucenbinder andicken und mit Crème fraîche, Salz, Pfeffer und Zucker abschmecken.

Den Braten aus dem Ofen nehmen, etwas abkühlen lassen und in Scheiben schneiden. Die Rundstücke aufschneiden und die untere Hälfte mit Fleisch belegen, mit etwas Bratensauce begießen und mit der oberen Brötchenhälfte bedecken.

ANRICHTEN

Die belegten Brötchen auf Tellern anrichten und mit Petersilie bestreuen. Mit Gewürzgurkenstreifen und Tomatenvierteln garnieren und nach Wunsch Salat dazu servieren.

TIPP

Das Brötchen liegt besser in der Hand, wenn es nicht ganz aufgeschnitten ist.

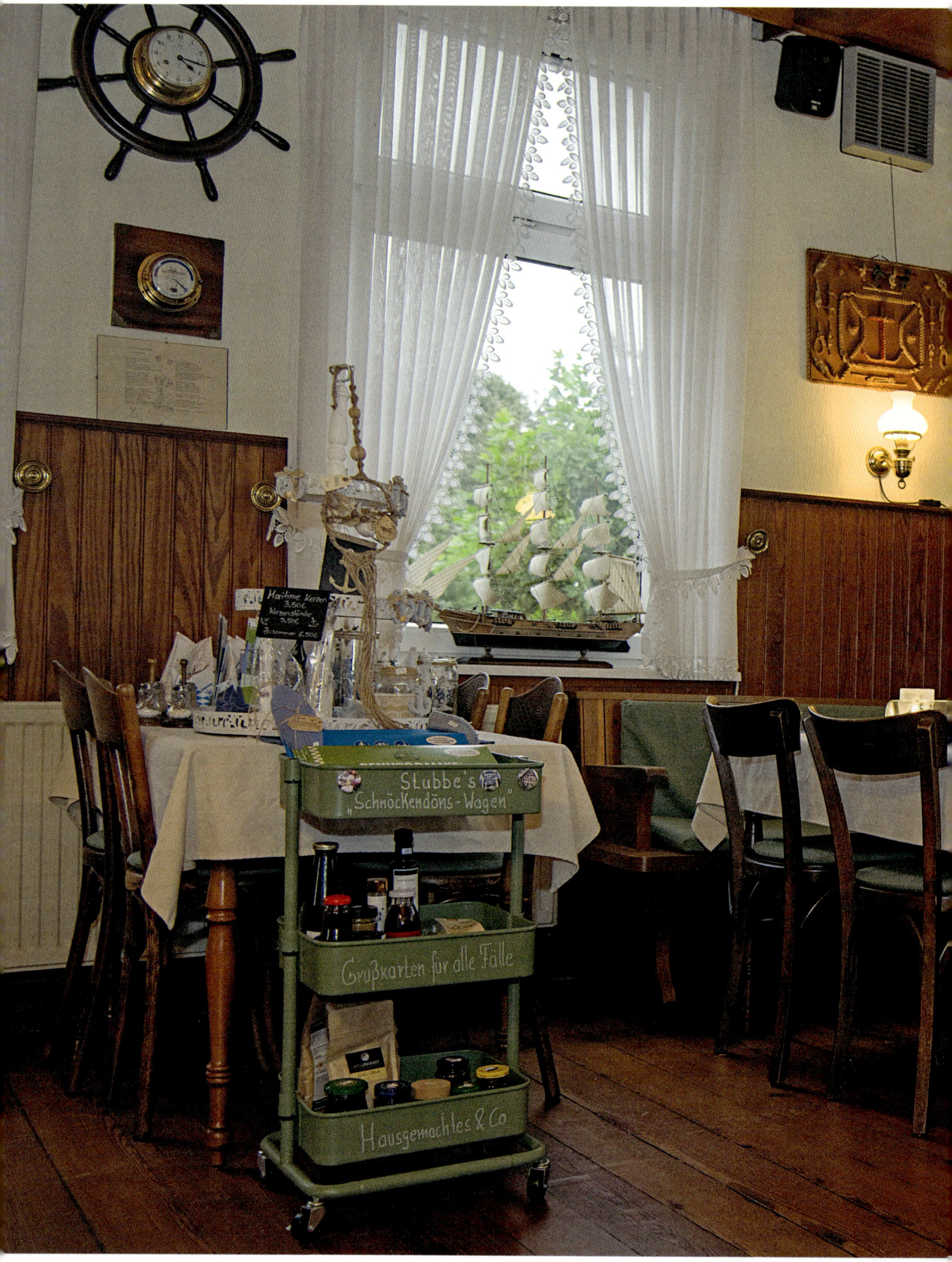
Stubbe's
„Schnöckendöns-Wagen"
Grußkarten für alle Fälle
Hausgemachtes & Co

DIE SCHIFFSWERFT AN DER LÜHE

DIE SCHIFFSWERFT AN DER LÜHE

Vor dem alten Wohnhaus, direkt an der Lühe gelegen, stand früher ein Schlitten für die Kiellegung. Zahlreiche Stapelläufe der Altländer Plattbodenschiffe nahmen von hier aus ihren Anfang. Mit ihnen befuhren die Bauern die Wasserwege des Alten Landes, um ihre Produkte zu den Märkten der umliegenden Hansestädte zu bringen. Im Borsteler Hafen ist noch heute ein Tjalk holländischer Bauart zu bewundern. Fast jede Familie am Fleet oder Fluss hatte ihre eigene Jolle oder Ewer. In der Blütezeit gab es im Alten Land über 15 Werften.

Als die Schifffahrt für die Logistik der Altländer Bauern an Bedeutung verlor, wandelte sich die kleine Familienwerft zum beliebten Treffpunkt. Im Gasthaus Stubbe spielte man fortan Skat und Billard. Von hier aus, dem höchsten Haus des Ortes, wurde in jener denkwürdigen Februarnacht 1962, als die Sturmflut wütete, die Hilfe im Ort organisiert.

Zahlreiche Fotos und Schiffsmodelle in der guten Stube erinnern noch heute an die Familientraditionen der ehemaligen Schiffsbauer. Großvaters Sofa und Großmutters Hochzeitsstuhl warten noch immer auf Gäste. Für Nicole Stubbe, die das Gasthaus in siebter Generation führt, ist es wichtig, den Charme zu erhalten und die Familientradition zu pflegen. Als Köchin erlernte sie ihr Handwerk im Hotel Vier Jahreszeiten und bei der Firma Otto im nahen Hamburg. Anschließend qualifizierte sie sich zur Foodservice-Managerin weiter. Kurz vor ihrer Abschlussprüfung verstarb überraschend ihr Vater. Früher als geplant musste sie Anfang 2019 die Verantwortung für den Familienbetrieb übernehmen.

Eine kulinarische Besonderheit des Hauses sind die norddeutschen Tapas-Abende. Hier werden kleine Portionen Labskaus, Stint, Rundstück warm, Hamburger Pannfisch und Bratkartoffeln nach Omas Rezept mit Belana-Kartoffeln serviert. Eine Genussreise durch Norddeutschland in wunderbarem Ambiente und mit der Herzlichkeit, die einst bei Muttern im Alten Land herrschte.

Ihre Produkte bezieht sie von Erzeugern aus der Region, mit denen ihre Familie seit Generationen zusammenarbeitet. Und im November wartet Nicole Stubbe sehnsüchtig auf Winnetou. Nicht auf die Karl-May-Festspiele, sondern auf die Grünkohlsorte, die sie am liebsten zubereitet. Im Gegensatz zu anderen Sorten handelt es sich um eine Neuzüchtung, die bereits ohne Frost zubereitet werden kann. Bei älteren Sorten braucht man den ersten Frost, damit sich die Bitterstoffe im Grünkohl abbauen. Grünkohl wird mit Salzkartoffeln und Kohlwurst, Bauchfleisch oder Kasseler serviert.

Moin

ALTLÄNDER TAGEBLATT
Nordsee-Rakete soll erstmals im April abheben
Wut und Hass eskalieren
Finanzämter verschonen Reiche
TAGEBLATT

HAMBURGER PANNFISCH MIT SENFSAUCE, BRATKARTOFFELN UND GURKENSALAT

4 Portionen

FÜR DIE BRATKARTOFFELN
500 g festkochende Kartoffeln (z.B. Belana)
1 Zwiebel
Schweineschmalz
100 g ausgelassener Speck, zerkrümelt

FÜR DEN GURKENSALAT
2 Gurken
1 EL gehackter Dill oder TK-Dill
2 EL Rapsöl
Salz, frisch gemahlener schwarzer Pfeffer, Zucker, Essig

FÜR DIE SENFSAUCE UND DEN PANNFISCH
100 g Butter
2 ½ EL Mehl plus 50 g Mehl für die Fischfilets
1 l Milch
250 ml süße Sahne
3 EL Senf, mittelscharf
1 EL Zucker
4 Fischfilets à 150–200 g, z.B. Seelachs, Buntbarsch, Seehecht
3 EL neutrales Öl oder Butterschmalz zum Braten
Dill und Zitronenspalten zum Garnieren

Am Tag, bevor das Gericht serviert werden soll, die Kartoffeln waschen, schälen und kochen. Über Nacht kalt stellen.

Am nächsten Tag die Kartoffeln in Scheiben schneiden. Die Zwiebel abziehen und würfeln. In einer beschichteten Pfanne das Schweineschmalz erhitzen, die Kartoffelscheiben darin braten. Wenn sie goldgelb sind, die Zwiebelwürfel und den Speck hinzufügen.

Ebenfalls am Vortag für den Gurkensalat die Gurken waschen und die Schale so abschälen, dass einige Schalenstreifen erhalten bleiben. Anschließend die Gurken in dünne Scheiben schneiden oder reiben. Dill und Rapsöl hinzufügen und mit Salz, Pfeffer, Zucker und Essig süßsauer abschmecken. Über Nacht ziehen lassen, damit der Gurkensalat Geschmack entwickeln kann.

Für die Senfsauce die Butter in einem Topf erhitzen, das Mehl einrühren, kurz anrösten, Milch und Sahne angießen und unter Rühren aufkochen. Mit Salz, Pfeffer, Senf und Zucker abschmecken.

Die Fischfilets in die gewünschte Größe schneiden, salzen und in Mehl wenden. Fett in einer Pfanne erhitzen und die Fischfilets darin etwa 4 Minuten von beiden Seiten goldgelb braten.

ANRICHTEN
Einige Löffel Senfsauce auf Teller schöpfen. Die Bratkartoffeln und Fischfilets darauf anrichten, mit Dill und Zitronenschnitzen garnieren. Den Gurkensalat in Schalen verteilen und dazu reichen.

SEEHECHT MIT APFEL-SPECK-SAUCE

4 Portionen

2 EL Olivenöl
150 g Butter
1 kg Speckwürfel
600 g Apfelwürfel
400 g Zwiebelwürfel
200 g Zucker
1 l Apfelsaft
500 ml Rinderbrühe
300 ml süße Sahne
50 ml Apfelessig
Mehl zum Binden
1 kleines Bund Petersilie
Salz, frisch gemahlener schwarzer Pfeffer
4 Seehechtfilets à 130–160 g
Saft von 1 Zitrone
Butterschmalz oder neutrales Öl zum Braten

Das Olivenöl erhitzen, 100 g Butter darin schmelzen lassen. Speckwürfel 2 Minuten im Fett braten. Die Hälfte der Zwiebelwürfel zugeben und glasig dünsten. 200 g Apfelwürfel zufügen, 100 g Zucker einstreuen und leicht karamellisieren lassen. Apfelsaft angießen, aufkochen und auf ⅓ reduzieren lassen. Mit Rinderbrühe auffüllen und alles bei schwacher Hitze 15 Minuten köcheln lassen. Sahne zugeben und aufkochen lassen. Etwas Mehl mit lauwarmem Wasser glatt rühren und die Sauce damit binden. Danach durch ein feines Sieb passieren. Die Einlage aufheben, die Sauce kalt stellen.

Die Petersilie waschen, abtrocknen, die Blätter abzupfen und in feine Streifen schneiden. Die restlichen Zwiebelwürfel mit den restlichen Äpfeln in 50 g Butter anschwitzen, 100 g Zucker zugeben und mit Salz und Pfeffer abschmecken. Die Petersilie untermischen.

Die Seehechtfilets waschen, trockentupfen, mit Zitronensaft beträufeln, salzen und pfeffern. In einer großen Pfanne das Fett erhitzen und die Fischfilets darin von jeder Seite etwa 4 Minuten goldbraun braten.

ANRICHTEN

Die Apfel-Speck-Sauce auf Teller verteilen und die Fischfilets darauf anrichten. Mit Petersilie garnieren und servieren.

TIPP

Die Speckäpfel schmecken zu Fisch und ebenso zu hellem Fleisch.

WILDSCHWEIN-GULASCH MIT SPÄTZLE UND ROTKOHL

4 Portionen

FÜR DAS WILDSCHWEIN-GULASCH
1,5 kg Gulasch vom Wildschwein
250 g Zwiebeln
2 Knoblauchzehen
200 g Knollensellerie
200 g Karotten
3 EL Olivenöl zum Braten
4 EL Tomatenmark
750 ml trockener Rotwein
1 l schwarzer Johannisbeersaft
500 ml Wildfond
Salz, frisch gemahlener schwarzer Pfeffer
je 1 TL getrockneter Thymian und Majoran
2 Lorbeerblätter
Wildgewürz
1 EL Mehl

FÜR DIE SPÄTZLE
5 Eier
400 g Mehl Typ 405 oder Spätzlemehl
Salz, gemahlene Muskatnuss
etwas Butter

FÜR DEN ROTKOHL
1 kg Rotkohl
50 g Schweineschmalz
150 g Zwiebelwürfel
400 g Apfelstücke
50 g Zucker
1 l schwarzer Johannisbeersaft
100 ml Balsamico-Essig
250 ml kräftige Hühnerbrühe
Salz, 2 Lorbeerblätter
etwas Mehl zum Binden
frisch gemahlener schwarzer Pfeffer

WILDSCHWEINGULASCH
Das Fleisch waschen und trockentupfen. Die Zwiebel und den Knoblauch abziehen und fein hacken. Sellerie und Karotten putzen und in kleine Würfel schneiden. Das Öl in einem schweren Bräter erhitzen und das Fleisch portionsweise darin scharf anbraten, herausnehmen und beiseitestellen.

Zwiebeln, Möhren und Selleriewürfel in den Bräter geben und scharf anbraten. Tomatenmark und Knoblauch zugeben und anrösten. Mit Rotwein ablöschen und so lange weiterköcheln lassen, bis der Rotwein verkocht ist. Johannisbeersaft angießen und so lange reduzieren, bis der Sud nur noch den Boden bedeckt. Fleisch zugeben, Wildfond angießen und alles aufkochen.

Nun mit Salz, Pfeffer, Thymian und Majoran würzen und die Lorbeerblätter zugeben. Das Gulasch bei geringer Hitze etwa 90 Minuten leicht köcheln lassen, bis das Fleisch zart ist.

Das Gulasch vor dem Servieren nochmals mit Wildgewürz, Salz und Pfeffer abschmecken. Für mehr Bindung das Mehl mit wenig Wasser glatt rühren, zum Gulasch geben und 1 Minute aufkochen.

HAUSGEMACHTE SPÄTZLE
Für den Spätzleteig die Eier, 100 ml lauwarmes Wasser, 1 Prise Salz und Muskatnuss mit einem Kochlöffel verrühren. Das Mehl nach und nach in die Masse einarbeiten, dabei mit dem Kochlöffel schlagen, bis er Blasen wirft. Der Teig muss zäh fließend sein. Ist der Teig zu dünn, etwas Mehl dazugeben, ist er zu fest, etwas Wasser unterrühren. Den Teig danach etwa 30 Minuten ruhen lassen.

Mithilfe eines Spätzlehobels oder einer Spätzlepresse portionsweise Spätzle in reichlich kochendes Salzwasser drücken. Nach 2–4 Minuten (bzw. wenn sie an der Oberfläche schwimmen) mit einem Schaumlöffel herausheben. In eine Schüssel geben und etwas Butter darüber verteilen.

TIPP
Sofern man die Spätzle nicht sofort weiterverarbeitet, mit kaltem Wasser abschrecken und abtropfen lassen.

PIERRES ROTKOHL
Den Rotkohl putzen, waschen, vierteln und den Strunk herausschneiden. Anschließend die Rotkohlviertel fein schneiden oder mit einem Küchenhobel fein hobeln.

Das Schweineschmalz in einem großen Schmortopf erhitzen. Die Zwiebeln und die Äpfel mit dem Zucker darin andünsten. Den Rotkohl zugeben, Johannisbeersaft und Balsamico-Essig angießen. Alles gut durchrühren und etwa 10 Minuten bei mittlerer Hitze dünsten.

Die Hühnerbrühe angießen, salzen, Lorbeerblätter hinzugeben und zugedeckt etwa 40 Minuten weiterdünsten, bis der Kohl weich ist.

Bei Bedarf noch ein wenig heißes Wasser angießen und gegebenenfalls mit etwas mit Wasser angerührtem Mehl binden. Zum Schluss mit Salz und Pfeffer abschmecken.

ANRICHTEN
Spätzle und Rotkohl mit dem Wildgulasch auf Tellern anrichten oder das Wildgulasch in Schalen separat dazu servieren.

APFEL-CRUMBLE MIT VANILLESAUCE

4 Portionen

100 g Butter
100 g Zucker
175 g Mehl
4 große säuerliche Äpfel
2 Päckchen Vanillezucker (nach Geschmack)
1 EL Zitronensaft
½ TL Zimtpulver
Vanillesauce (siehe Seite 47) und/oder Vanilleeis zum Servieren

Weiche Butter mit Zucker und Mehl verkneten und zu Streuseln zerkrümeln.

Äpfel schälen, zerteilen, Kerngehäuse entfernen und in dünne Scheiben schneiden. Mit Vanillezucker, Zitronensaft und Zimt vermischen.

Die Apfelmischung in feuerfeste Förmchen oder Gläser füllen und mit den Streuseln belegen. Im vorgeheizten Backofen bei 180 °C Ober-/Unterhitze etwa 20 Minuten backen.

ANRICHTEN

Zum Servieren Vanillesauce über den Apfel-Crumble geben und nach Wunsch separat Vanilleeis dazu reichen.

FLIEDERBEERSUPPE MIT GRIESSFLAMMERI

4 Portionen

FÜR DIE FLIEDERBEERSUPPE
1 l Fliederbeersaft
250 ml Apfelsaft
3–4 Äpfel
200–300 g Zucker
2 Päckchen Vanillezucker
2 Zimtstangen
etwa 70 g Speisestärke

FÜR DAS GRIESSFLAMMERI
1 l Milch
125 g Weichweizengrieß
70 g Zucker
Salz
2 Eier

Für die Fliederbeersuppe die Säfte erhitzen und mit Zucker, Vanillezucker und Zimtstangen aufkochen.

Die Äpfel schälen, vierteln, das Kerngehäuse entfernen und in dünne Scheiben schneiden.

Speisestärke mit etwas kaltem Wasser anrühren, die Säfte damit andicken, dann die Äpfel kurz mitköcheln lassen.

Für das Grießflammeri die Milch zum Kochen bringen. Grieß, Zucker und 1 Prise Salz in die heiße Milch einrühren und 5 Minuten bei mittlerer Hitze quellen lassen. Anschließend den Topf vom Herd nehmen und den Brei abkühlen lassen.

Die Eier trennen. Das Eiweiß zu Schnee schlagen. Das Eigelb mit 1 EL Wasser verrühren und unter den abgekühlten Grießbrei mischen. Zuletzt den Eischnee unterheben.

ANRICHTEN
Die Fliederbeersuppe in Schälchen verteilen. Vom Grießflammeri Nocken abstechen und in die Suppe setzen. Wer keine Haut auf dem Grießbrei mag, streut einfach etwas Zucker darüber.

TIPP
Damit der Brei für das Grießflammeri nicht so schnell anbrennt, eine Butterflocke im Topf schmelzen, bevor die Milch darin aufgekocht wird.

arme Küche + Fischbrötchen

DER GURKENFISCH UND AIRBUS

DER GURKENFISCH UND AIRBUS

Ab Mitte Februar versammelt sich das Empfangskomitee an der Elbe: Wie an einer Schnur aufgereiht stehen sie am Altengammer Hauptdeich in den Vierlanden und werfen ihre Angeln in den Fluss, um den Stint zu fangen. Der wegen seines Geruchs im Volksmund als Gurkenfisch bekannte Stint zieht von Februar bis April in großen Schwärmen vom Meer kommend zum Laichen in die Unterläufe der Flüsse wie Elbe und Weser. Im Minutentakt ziehen die Angler dann hier die Stinte an Land. Auch der letzte Elbfischer im Alten Land, Lothar Buckow aus Wisch, fährt dann auf Stintfang. Seine frisch zubereiteten Fischgerichte im eigenen Fischbistro direkt hinter dem Deich sind ein Geheimtipp unter Hamburgern.

Die jungen Stinte schlüpfen nach drei bis fünf Wochen und machen sich im Sommer wieder auf den Weg ins Meer. Der Stint ist in den europäischen Küstengewässern von der Ostsee bis zum Golf von Biskaya beheimatet. Die Tiere können bis zu sechs Jahre alt und 15 bis 20 cm lang werden. Nach drei bis vier Jahren werden sie geschlechtsreif. Im Gegensatz zu anderen Regionen sind die Fischbestände in der Elbe in den letzten Jahren stark zurückgegangen. Man vermutet, dass vor allem die Elbvertiefung dafür verantwortlich ist. Im Gegensatz zu anderen Speisefischen, von denen viele Arten bereits als überfischt gelten, gehört der Stint aber noch nicht zu den gefährdeten Fischarten. Von den früheren Beständen, als er noch in Ufernähe mit Waschkörben gefangen werden konnte, ist er jedoch weit entfernt.

Der Rückgang der Stintpopulation im Alten Land wird von manchen auch mit der Erweiterung der Airbuswerke in Hamburg-Finkenwerder Anfang der 2000er Jahre und der damit verbundenen Teilzuschüttung des Mühlenberger Lochs in Verbindung gebracht. Die Werkserweiterung war notwendig geworden für den geplanten Bau des A-380, dessen Produktion 2021 wieder eingestellt wurde.

Serviert wird der Stint, eine saisonale Fischspezialität, von Februar bis Ende März, meist mit Kartoffelsalat oder Bratkartoffeln. Der Stint wird dafür nach dem Ausnehmen im Ganzen in Roggenmehl gewendet und mit Speck und Butter gebraten. Man isst ihn mit Schwanz und Gräten, welche klein und unbedenklich sind. Ich sag nur »lecker«!

FISCHBRÖTCHEN

1 Portion

1 frisches, knuspriges Brötchen nach Wahl
1 Bismarckhering oder Matjesfilet, geräucherter Lachs oder Makrele, Backfisch, Krabben oder Brathering

NACH BELIEBEN

20 ml Remoulade oder Mayonnaise
1 Gewürzgurke, in Scheiben geschnitten
Zwiebelringe
1 Salatblatt
1 hart gekochtes Ei, in Scheiben geschnitten

Das Brötchen aufschneiden. Nach Wunsch die Brötcheninnenseite mit Remoulade oder Mayonnaise bestreichen und mit einem Salatblatt, Gurkenscheiben, Zwiebelringen und Eischeiben belegen. Für Norddeutsche ist dabei weniger mehr.

Mit Fisch nach Wahl belegen, zuklappen und genießen.

TIPP

Das Brötchen liegt besser in der Hand, wenn es nicht ganz aufgeschnitten ist.

MIESMUSCHELN IN WEISSWEINSUD

4 Portionen

2 kg Miesmuscheln
2 Zwiebeln
4 Knoblauchzehen
1 Bund Petersilie
2 EL Olivenöl
600 ml Weißwein, trocken
Salz, frisch gemahlener schwarzer Pfeffer

Die Miesmuscheln waschen und putzen. Geöffnete Miesmuscheln aussortieren. Die Zwiebeln abziehen und in feine Ringe schneiden. Die Knoblauchzehen ebenfalls abziehen und fein hacken. Die Petersilie waschen und trockenschleudern, die Blätter hacken.

Das Öl in einem Topf erhitzen und die Zwiebeln darin glasig dünsten. Den Knoblauch hinzugeben und kurz anschwitzen. Zum Schluss alles mit Wein ablöschen.

Die Muscheln und die Petersilie in den Sud geben, etwa 8 Minuten kochen lassen, bis sich die Muscheln öffnen. Geschlossene Muscheln aussortieren. Den Sud mit Salz und Pfeffer abschmecken.

ANRICHTEN

Die Muscheln in tiefe Teller verteilen und mit dem Weißweinsud übergießen.

TIPP

Traditionell ist die Muschelsaison in den kühleren Monaten von September bis Februar.

STINTE GEBRATEN

2–3 Portionen

20–30 frische Stinte
Salz, frisch gemahlener schwarzer Peffer
Saft von ½ Zitrone
250 g Roggenmehl
40 g Speck
2 EL Butterschmalz oder Butter

Den Kopf der frischen Stinte abtrennen und die Innereien entfernen. Dann die Stinte waschen, abtrocknen und mit Salz, Pfeffer und Zitronensaft würzen.

Roggenmehl in einen Teller geben und die Stinte darin wenden. Den Speck in kleine Würfel schneiden.

Das Butterschmalz oder die Butter in der Pfanne erhitzen und darin die Speckwürfel sowie die Stinte von beiden Seiten kross und goldbraun braten.

TIPP

Dazu passen sehr gut Bratkartoffeln (siehe Seite 30) oder Kartoffelsalat (siehe Seite 90).

FREDDY BOSKOOP UND DIDI THURAU

FREDDY BOSKOOP UND DIDI THURAU

Zum Ende der 1970er-Jahre endete meine »Bonanza«-Phase, wie das Kultfahrrad jener Jahre hieß. Neben den 1974er Fußballweltmeistern war es die Zeit eines neuen deutschen Sporthelden: Didi Thurau, der als deutscher Radrennfahrer bei der Tour de France für Furore sorgte. Ein Deutscher, der den damals schon legendären Eddy Merckx in einzelnen Etappen hinter sich lassen konnte, war eine Sensation. So zollte man ihm für seine Leistungen international und auch im Gastgeberland Frankreich Respekt. Neben einzelnen Etappen, die er gewann, gelang es ihm, das Gelbe Trikot des Gesamtführenden zu erobern. 15 Tage sollte er es 1977 als erster Deutscher behalten und begeisterte damit ganz Westdeutschland – eine Sensation, die mir als Teenie imponierte. Das Bonanza-Rad hatte zum Ärger meiner Eltern ausgedient, was leider auch bedeutete, dass es kein Rennrad gab. Also musste ich nach Wegen suchen, um meine Ersparnisse aufzubessern. Was lag da näher, als in den Sommerferien den Obstbauern meines Dorfes bei der Ernte zu helfen? Zunächst waren es die Sauerkirschen, bei denen wir helfen durften. Schnell lernte ich, wie man den Zweig des Baumes, voll mit Kirschen, mit nur einem Handgriff aberntet. Dazu hebt man mit der Linken den Zweig an, sodass die Kirschen herunterhängen, setzt die rechte Hand wie eine Greifzange oben an den Stielen an und »rasiert« mit einem Handgriff den ganzen Ast entlang. Ohne die Früchte zu berühren, knipsten wir so die Kirschen mit einer kurzen Drehbewegung ab. Ratzfatz war der Eimer voll. Zwei Eimer füllten eine Kiste. Die wurden später gewogen. Bezahlt wurden wir pro Kiste. Unsere Lohntüte bekamen wir am Ende der Woche. Wenn wir uns als gute Erntehelfer bewährten, durften wir auch bei der Erdbeer- und Apfelernte helfen. Beides sensible Früchte, die, um ihre Oberfläche nicht zu beschädigen, vorsichtig und sauber geerntet werden mussten. Im Unterschied zu heute sortierten wir die Ware nach verschiedenen Klassen direkt am Baum in kleine Apfelholzkisten. Das Gute an dieser Arbeit: Wir erhielten einen festen Stundenlohn und wurden nicht nach Akkord bezahlt.

So verdiente ich mir mein eigenes Rennrad. Silberfarben war es und hatte ein wunderschönes, elegantes Design. Die feinen, schlanken Reifen waren etwas ganz Besonderes im Vergleich zu meinem doch eher klobigen Bonanza-Rad. Die Straßen und Feldwege zwischen den Dörfern und Plantagen wurden mein Revier. Allein fetzte ich durch die Landschaft im Kampf um Sekunden und Platzierungen meiner eigenen Tour de France. Jede Tagesetappe kommentierte ich für mich selbst. Als Deutscher kämpfte ich somit lange vor Jan Ullrich für den ersten deutschen Toursieg. Mein Meister und Vorbild war Didi Thurau.

Im Frühjahr blühte Freddy Boskoop am Wegesrand für mich und wies mir im Spätsommer in knalligem Rot den Weg durch die Felder. Die Schotterwege zwischen den Plantagen waren mein Paris–Roubaix und letztendlich die entscheidenden Etappen in meinem Kampf gegen imaginäre Gegner. Nicht selten warf mich ein Platten in einer Tagesetappe aus der Führungsgruppe heraus. Stets kämpfte ich mich in den nächsten Tagen aber immer wieder zurück.

Höhepunkt war dann der Herbst, wenn Golden Delicious am Wegesrand mit seinem goldgelben Kleid auf mich wartete. Das war der Moment, in dem die goldgelben Früchte, frisch vom Baum gepflückt, mich für meine erfolgreichen Etappen der Saison belohnten. Es war mein Gelbes Trikot zum Ende der Fahrradsaison. Leider wurden viele Delicious häufig noch grün geerntet, um im Lager nachzureifen. Bis zur goldgelben Farbe blieben dabei nur wenige an den Bäumen übrig. Aber bei der Tour de France schaffen es auch nie alle Fahrer bis ins Ziel nach Paris.

Fahrradtouren durch die Plantagen sind im Alten Land bei Touristen, insbesondere zur Blütezeit, sehr beliebt. Vor Ort gibt es mehrere Fahrradverleiher.

Die Kartoffeln waschen und schälen. Die Zwiebel abziehen und in kleine Würfel schneiden.

Die Kartoffeln fein reiben, mit den Eiern vermischen und gegebenenfalls mit etwas Mehl binden. Die Masse darf nicht zu flüssig sein.

Die Zwiebelwürfel in einer Pfanne in heißem Öl kurz anschwitzen, dann zur Kartoffelmasse geben. Alles gut vermischen und mit Salz und Pfeffer würzen.

Öl in der Pfanne erhitzen, mit einem großen Löffel portionsweise Kartoffelmasse hineinsetzen und von beiden Seiten ausbacken.

ANRICHTEN
Die Kartoffelpuffer auf Teller verteilen, einen Klecks Crème fraîche daraufgeben und mit einer Scheibe Lachs belegen. Mit Dillspitzen garniert servieren.

TIPP
Anstelle von Lachs lassen sich die Reibekuchen auch wunderbar mit frisch zubereitetem Apfelmus (siehe Seite 127) kombinieren.

KARTOFFELPUFFER MIT LACHS

4 Portionen

700 g mehligkochende Kartoffeln
1 mittelgroße Zwiebel
2 Eier
2 EL Mehl
neutrales Öl zum Braten
Salz, frisch gemahlener schwarzer Pfeffer
2 EL Crème fraîche
200 g Räucherlachs
etwas Dill zum Garnieren

BRATAPFEL MIT FRUCHTKONFITÜRE UND VANILLESAUCE

4 Portionen

FÜR DIE BRATÄPFEL
4 Äpfel
5 TL Fruchtkonfitüre (Geschmack nach Wunsch)
60 g Rosinen
60 g gehobelte Mandelsplitter
1 Prise Zimt
etwas Butter

FÜR DIE VANILLESAUCE
1 Eigelb
½ l Milch
25 g Rohrzucker
2 TL Vanillezucker
2 EL Speisestärke

Die Äpfel waschen, das Kerngehäuse entfernen und die Früchte großzügig aushöhlen.

Konfitüre, Rosinen, Mandeln und Zimt mischen und in die Äpfel füllen.

Eine feuerfeste Form buttern, die Äpfel hineinsetzen, in den vorgeheizten Backofen schieben und bei 200 °C Umluft etwa 20–30 Minuten backen.

Das Eigelb in 3 EL Milch anrühren. Den Rohr- und Vanillezucker mit der restlichen Milch unter ständigem Rühren mit einem Schneebesen kurz aufkochen. Die Speisestärke mit etwas kaltem Wasser klumpenfrei verrühren; die Sauce damit binden.

ANRICHTEN
Die Vanillesauce kalt oder warm in Schalen verteilen, die Äpfel hineinsetzen und servieren.

AN DER HUDE DER ESTE

AN DER HUDE DER ESTE

An der Hude bei der Buchenstätte trafen sich im Märchen einst der Igel und der Hase. Sie wollten um die Wette laufen. Der Ort wurde 1285 gegründet und um die Schiffsanlegestelle, die Hude, ausgebaut.

Von hier aus, von Buxtehude, war die Este bis zur Mündung in die Elbe schiffbar und damit für die Besiedlung des Alten Landes von großer Bedeutung. Hier war auch lange Zeit einer der wenigen Ausgangspunkte, um die Elbe mit einer Fähre zu überqueren. Im Jahr 1328 erhielt Buxtehude seine Stadtrechte. Als Knotenpunkt verschiedener Handelswege, vor allem für den Getreidehandel bis in die Niederlande, wurde der Ort 1363 aktives Mitglied der Hanse.

An der Harburger Straße, einer der wichtigen Verkehrsadern der Stadt neben der Este, stand die Villa von Max Hittenkofer, der ab 1875 das Technikum in Buxtehude aufbaute. Später wurde das imposante Gebäude zur Schule und in den 1980er Jahren zu einem Hotel. Im historischen Kellergewölbe befindet sich heute ein gastronomisches Juwel des Alten Landes, das Restaurant Seabreeze (»Seebrise«). Der Küchenchef Thomas Kupfer bietet hier mit seinem Sous-Chef Timio Elias Berisha eine gehobene regionale Küche mit französischen Einflüssen an. Seit seinem Schüleraustausch hält er Kontakt zu seiner ehemaligen französischen Gastfamilie in der Picardie und ist fasziniert von der dortigen Küche.

Zur Gastronomie kam Thomas Kupfer spät. Nachdem ihn mit 40 Jahren ein Unglück zur Umschulung zwang, machte er eine Ausbildung zum Koch in der Sterneküche des Hamburger Hotels Louis C. Jacob. Nach verschiedenen Stationen fand er 2021 im Hotel Navigare eine berufliche Heimat für sich und seine Frau, welche ihn als Frühstück-Chefin mit Leib und Seele unterstützt. Sich selbst bezeichnet er bescheiden als Quereinsteiger. Bei ihm soll der anspruchsvolle Gast positiv kulinarisch überrascht werden wie auch der Nachbar von nebenan sich wohlfühlen können. Mit hohem Anspruch an sich und sein Team bringt er regional Vertrautes mit französischen Ideen zusammen. Typisch norddeutsch liebt er die direkte Ansprache, dabei aber auch die Gelassenheit des Savoir-vivre.

So werden die auch hierzulande beliebten Miesmuscheln mit einer Crème de la Normandie, Pommes frites und natürlich in original französischen Muscheltöpfen serviert.

ALTLÄNDER SCHWEINEBRATEN MIT SAUERKRAUT, POMMERSCHEN KARTOFFELNOCKEN UND APFEL-CALVADOS-SAUCE

6–8 Portionen

FÜR DEN SCHWEINEBRATEN
3 kg Schweinenacken
Salz, frisch gemahlener schwarzer Pfeffer, Zucker
3 EL Rapsöl
2 Gemüsezwiebeln, grob gewürfelt
2 Karotten, in grobe Stücke geschnitten
200 g Knollensellerie, in grobe Stücke geschnitten
einige Zweige Rosmarin, Oregano, Thymian, Lavendelblüten
50 g Butter
1 Lorbeerblatt
je 10–12 Wacholderbeeren und Pimentkörner
5 Knoblauchzehen
2 ½ l Apfelsaft
Gemüsefond nach Bedarf
250 ml Weißwein

FÜR DIE APFEL-CALVADOS-SAUCE
2 EL Rapsöl
1 Gemüsezwiebel, fein gewürfelt
300 g Speckwürfel
1 TL Tomatenmark
300 ml Calvados
1 ½ l Bratensaft (Rezept oben)
750 ml Cidre
500 ml Apfelsaft
4 Äpfel
150 g Weinbeeren oder große helle Rosinen
Salz, frisch gemahlener schwarzer Pfeffer
2 EL Speisestärke

FÜR DAS SAUERKRAUT
150 g fetter weißer Speck, gewürfelt
2 Gemüsezwiebeln, in feine Würfel geschnitten
2 Dosen Weinsauerkraut
2 Lorbeerblätter
Salz, frisch gemahlener schwarzer Pfeffer, Zucker
100 g Butter
Speisestärke

FÜR DIE POMMERSCHEN KARTOFFELNOCKEN
1,5 kg vorwiegend festkochende Kartoffeln
Salz
3 Eier
150 g Speisestärke
225 g Mehl
Butter oder Butterschmalz zum Braten
frisch gemahlener schwarzer Pfeffer
½ Bund Petersilie
½ Bund Schnittlauch

FÜR DIE EINGELEGTEN ZWIEBELN
4 rote Zwiebeln
Zucker
Saft von 2 Zitronen

SCHWEINEBRATEN
Den Schweinenacken waschen und von Sehnen und überschüssigem Fett befreien. Mit einem Küchentuch abtupfen und von allen Seiten großzügig mit Salz, Pfeffer und Zucker würzen.

In einem Bräter das Rapsöl erhitzen. Zwiebeln, Karotten und Sellerie darin anschwitzen. Die Kräuter in die Mitte des Bräters geben und den gewürzten Schweinenacken darauf platzieren. Butterflöckchen auf den Braten geben. Die Lorbeerblätter danebenlegen.

In einer Pfanne die angedrückten Wacholderbeeren und Pimentkörner ohne Fett anrösten, dann auf das Gemüse im Bräter geben. Die Knoblauchzehen andrücken und ebenfalls auf dem Gemüsebett verteilen. Mit dem Apfelsaft aufgießen, sodass der Braten etwa zu ⅔ bedeckt ist. Sollte der Apfelsaft nicht reichen, kann mit Gemüsefond aufgefüllt werden.

Den Bräter bei 140 °C Umluft für 2 ½–3 Stunden garen. Das Fleisch ist gar, wenn klarer Fleischsaft austritt, sobald man den Braten ansticht. Den Braten vom Gemüsebeet heben und beiseitestellen.

Das Gemüse und den Bratensaft in einen Topf geben, mit dem Weißwein und 2 l Wasser auffüllen und etwa 30 Minuten einkochen lassen. Danach durch ein Sieb abgießen und den Bratensaft dabei in einem Topf auffangen.

APFEL-CALVADOS-SAUCE
In einem Topf das Rapsöl erhitzen und die Zwiebel- und Speckwürfel darin anschwitzen. Das Tomatenmark dazugeben und unter ständigem Rühren Farbe annehmen lassen.

Mit dem Calvados ablöschen und flambieren. Den Bratensaft, Cidre und Apfelsaft angießen und etwa 60 Minuten reduzieren lassen.

In der Zwischenzeit die Äpfel schälen, zerteilen und das Kerngehäuse entfernen. Die Äpfel in Würfel von etwa 6 mm Kantenlänge schneiden und zusammen mit den Weinbeeren nach 30 Minuten Garzeit zur Sauce geben.

Nach Ende der Garzeit mit Salz und Pfeffer abschmecken. Die Speisestärke mit etwas Wasser anrühren und die Sauce damit binden. Den Braten in Scheiben schneiden und in der Sauce erwärmen.

SAUERKRAUT

Einen Topf erhitzen und die Speckwürfel darin 1 Minute auslassen, dann die Zwiebelwürfel zugeben und glasig anbraten. Das Sauerkraut hinzufügen und mit Wasser aufgießen. Die Lorbeerblätter zugeben und mit Salz, Pfeffer und Zucker würzen – es soll ein ausbalancierter Süßsauer-Geschmack entstehen. Die Butter einrühren und das Sauerkraut 20 Minuten garen. Speisestärke nach Bedarf mit etwas kaltem Wasser glatt rühren und die Sauce damit binden.

POMMERSCHE KARTOFFELNOCKEN

Die Kartoffeln waschen, schälen und in reichlich Salzwasser kochen, bis sie gar sind. Anschließend die Kartoffeln durch eine Kartoffelpresse drücken.

Die Masse etwas abkühlen lassen, dann Eier, Speisestärke und Mehl dazugeben und zu einem formbaren Teig kneten. Bei Bedarf noch Mehl zugeben. Den Teig in Portionen teilen und zu fingerdicken Rollen formen. Mithilfe einer Teigkarte oder eines Messers etwa 3 cm lange Nocken abstechen.

Einen großen Topf mit Salzwasser aufsetzen und zum Kochen bringen. Die Hitzezufuhr reduzieren und die Nocken im Salzwasser schonend garen. Sie sind fertig, wenn sie an die Oberfläche steigen.

Die Nocken herausheben, etwas abtropfen lassen und mit Butter in einer Pfanne braten, bis sie braun sind. Mit Salz und Pfeffer würzen, die klein geschnittene Petersilie und Schnittlauchröllchen dazugeben und alles kurz durchschwenken.

EINGELEGTE ZWIEBELN

Die Zwiebeln abziehen, in feine Ringe schneiden, mit Salz, Pfeffer und Zucker bestreuen und etwas mit den Händen durchkneten. Dann den Zitronensaft hinzufügen und alles 30 Minuten ziehen lassen.

ANRICHTEN

In die Mitte eines Tellers einen großen Löffel Sauerkraut setzen, rechts und links die Kartoffelnocken platzieren. Drei Scheiben vom Schweinebraten auf das Sauerkraut legen. Mit der Sauce überziehen, dabei darauf achten, dass sich einige Weinbeeren und reichlich Apfelwürfel auf dem Schweinebraten befinden. Zum Schluss mit den eingelegten Zwiebeln und Kräutern garnieren. Das Seabreeze empfiehlt zu diesem Gericht einen trockenen Weißburgunder oder ein zünftiges Bier.

KÜRBISSUPPE MIT PFIFFERLINGEN UND SPECK

6–8 Portionen

FÜR DEN GEFLÜGELFOND
3 kg Hühnerkarkassen oder Hühnerflügel
1 Bund Suppengemüse
3 EL Rapsöl
Salz, frisch gemahlener schwarzer Pfeffer, Zucker
3 Lorbeerblätter
5 Wacholderbeeren
5 Pimentkörner
1 Gemüsezwiebel
2 Zweige Rosmarin
2 Zweige Thymian
2 Knoblauchzehen

FÜR DIE KÜRBISSUPPE
5 EL Rapsöl
2 Gemüsezwiebeln, in grobe Würfel geschnitten
1,5 kg Kürbis nach Wunsch, geschält, entkernt und zerkleinert
1 ½ l Geflügelfond
250 ml süße Sahne
75 g Crème double
Salz, frisch gemahlener schwarzer Pfeffer, Zucker
100 g Butter

FÜR DIE SUPPENEINLAGE
200 g Kürbis, gewürfelt (Hokkaido)
1 l Rapsöl
1 Zweig Thymian, fein gehackt
50 g Zwiebelwürfel
150 g frische Pfifferlinge
75 g Speckwürfel
150 g Kartoffelwürfel
25 g geröstete Kürbiskerne
grob gehackte Petersilie zum Garnieren
steirisches Kürbiskernöl

GEFLÜGELFOND

Für den Geflügelfond einen großen Topf mit Wasser zum Kochen bringen, die Hühnerkarkassen oder -flügel kurz blanchieren und in Eiswasser abkühlen lassen. Das Suppengrün waschen, putzen und in grobe Stücke schneiden. Das Öl in einem großen Suppentopf erhitzen und das Gemüse darin anschwitzen.

Das Geflügel zugeben, 1 Minute anrösten, dann mit 5 l kaltem Wasser aufgießen. Die Lorbeerblätter zugeben und langsam erhitzen. Die Brühe darf nicht kochen, sondern nur leicht simmern. In einer fettfreien Pfanne die Wacholderbeeren und Pimentkörner rösten, bis sich Rauch entwickelt, dann zur Geflügelbrühe geben.

Die Brühe mindestens 3 Stunden langsam simmern lassen, je länger, desto besser. Anschließend den Fond abseihen und durch ein feines Tuch gießen. Rosmarin, Thymian und die angedrückten Knoblauchzehen in einen Topf geben und den noch heißen Geflügelfond angießen. Alles erkalten lassen, am besten über Nacht im Kühlschrank. Am nächsten Tag das sich auf der Oberfläche abgesetzte Fett abschöpfen und Thymian, Rosmarin und Knoblauch entfernen.

TIPP

Der Geflügelfond hält sich im Kühlschrank etwa 3 Tage. Er kann auch eingefroren werden.

KÜRBISSUPPE

In einem großen Suppentopf das Rapsöl erhitzen und die Zwiebelwürfel darin glasig anbraten. Das Kürbisfleisch hinzufügen und etwa 3 Minuten unter ständigem Wenden garen.

Den Geflügelfond angießen und die Suppe so lange bei mittlerer Hitze köcheln lassen, bis der Kürbis weich ist und schon fast von alleine zerfällt.

Die Suppe mit einem Pürierstab fein pürieren. Die Sahne und die Crème double hinzugeben, nochmals aufkochen und mit Salz, Pfeffer und Zucker abschmecken.

Zum Schluss die kalten Butterflocken ebenfalls mithilfe des Pürierstabes unter die heiße Suppe montieren.

SUPPENEINLAGE

Die Kürbiswürfel mit Salz, Pfeffer und Zucker würzen. Mit 5 EL Rapsöl und dem fein gehackten Thymian mischen und bei 200 °C Ober-/Unterhitze im Backofen 15 Minuten bissfest garen.

Zwiebelwürfel, Pfifferlinge und Speck in einer heißen Pfanne rösten, anschließend beiseitestellen.

In einem Topf das restliche Öl erhitzen und die Kartoffelwürfel darin goldbraun frittieren. Darauf achten, dass die Würfel die gleiche Größe haben.

ANRICHTEN

Alle Zutaten der Einlage mischen und auf tiefe Teller verteilen. Die gerösteten Kürbiskerne und die grob gehackte Petersilie darüberstreuen und das Ganze mit dem Kürbiskernöl beträufeln. Die Suppe am Tisch aus einer hübschen Sauciere über die Einlage gießen.

TIPP

Dazu serviert man im Seabreeze geröstete Baguettescheiben. Als Getränk wird ein schöner Grauburgunder empfohlen.

MIESMUSCHELN IN KNOBLAUCH-SAHNE-SAUCE
MOULE À LA CRÈME D'AIL

Die Muscheln werden in einem Fischfond gegart, das ist einer der Unterschiede zu anderen Muschelzubereitungen, der den Geschmack des Gerichtes ausmacht.

4–6 Portionen

FÜR DEN FISCHFOND

300 g Staudensellerie
300 g Karotten
200 g Lauch
300 g Zwiebeln
3 Knoblauchzehen
3 EL Rapsöl
2 kg Fischkarkassen
500 ml Weißwein, trocken
Salz, frisch gemahlener schwarzer Pfeffer
3 Lorbeerblätter
5 Zweige Thymian
5 Pimentkörner
5 Wacholderbeeren
100 ml Noilly Prat (französischer Wermut)

FÜR DIE KNOBLAUCH-SAHNE-SAUCE

2 EL neutrales Öl
300 g Zwiebeln, gewürfelt
15 Knoblauchzehen, in Scheiben geschnitten
3 Zweige Thymian, fein gehackt
250 ml Weißwein, trocken
150 ml Fischfond
500 ml Milch, 3,5 % Fett
500 ml süße Sahne
1 TL Speisestärke
Salz, frisch gemahlener schwarzer Pfeffer, Zucker
Saft von 1 Zitrone
150 g Butter

FÜR DIE MUSCHELN

3 EL Rapsöl
pro Person etwa 800 g Miesmuscheln, am besten eignen sich Bouchot-Muscheln
Salz, frisch gemahlener schwarzer Pfeffer, Zucker
50 g Zwiebeln, gewürfelt
2–3 Zweige Thymian
150 ml Fischfond
50 g Butter
Petersilie zum Garnieren

FISCHFOND

Das Gemüse putzen, schälen und in kleine Stücke schneiden, die Zwiebeln und den Knoblauch abziehen und klein würfeln.
In einem hohen Topf das Öl erhitzen, darin die Zwiebeln, den Knoblauch und die Hälfte der Gemüsestücke langsam anbraten. Wenn die Zwiebeln glasig sind, die Fischkarkassen zufügen und 1 Minute köcheln lassen.

Mit Weißwein ablöschen und 3 l kaltes Wasser angießen. Mit Salz und Pfeffer würzen, die Lorbeerblätter und die Thymianzweige zugeben. Alles langsam zum Kochen bringen. Die Temperatur sollte ganz langsam stetig steigen, der Fond darf aber nicht sprudelnd kochen, sondern nur simmern. Die Pimentkörner und Wacholderbeeren mit einem Messer quetschen und in einer Pfanne ohne Fett rösten, bis es anfängt zu rauchen. Die gerösteten Körner zum Fischfond geben. Wenn sich Schaum auf der Oberfläche bildet, diesen abschöpfen, damit der Fond klar bleibt.

Den Fond 1–1 ½ Stunden simmern lassen, danach abseihen und durch ein feines Tuch gießen.
Den Fischfond wieder in einem Topf aufsetzen, die restlichen Gemüse dazugeben und bissfest garen. Zum Schluss mit Noilly Prat abschmecken.

TIPP

Der Fond kann heiß in Gläser abgefüllt und für andere Gerichte benützt werden. Er hält sich im Kühlschrank etwa 1 Woche.

KNOBLAUCH-SAHNE-SAUCE

In einem Topf das Öl erhitzen und die Zwiebelwürfel darin glasig anschwitzen. Die Knoblauchscheiben und den Thymian zugeben und kurz mitrösten.
Mit Weißwein ablöschen und alles etwa 5 Minuten köcheln lassen. Den Fischfond angießen und weitere 5 Minuten köcheln lassen. Zuletzt die Milch und die Sahne zugeben und die Sauce nochmals aufkochen.

Mit einem Pürierstab die Sauce fein pürieren. Die Speisestärke mit etwas kaltem Fischfond anrühren und die Sauce damit binden. Mit Salz, Pfeffer, Zucker und Zitronensaft abschmecken. Zum Schluss die kalte Butter mit dem Pürierstab unter die Sauce montieren.

MUSCHELN

In einem hohen Topf das Öl stark erhitzen. Die gewaschenen und vom Sand und Ablagerungen befreiten Muscheln in den Topf geben. Salz, Pfeffer, Zucker und Zwiebelwürfel hinzufügen und mehrfach mit einem Holzlöffel wenden. Dann den Thymian hinzufügen.

Die Muscheln mit Fischfond ablöschen und etwa 6 Minuten im zugedeckten Topf garen. Wenn alle Muscheln geöffnet sind, ⅔ der Flüssigkeit abgießen und die Butter in Flocken über die Muscheln geben.

ANRICHTEN

Die heiße Muschelsauce üppig über den Muscheln verteilen und die grob gehackte Petersilie darüberstreuen. Sofort servieren.

TIPP

Traditionell werden die Muscheln mit Pommes frites oder mit geröstetem Baguette serviert. Dazu passt hervorragend ein trockener Weißwein wie z.B. ein Blanc de Noir oder ein trockener Rosé aus der Provence.

ALTLÄNDER KIRSCHENWOCHE

ALTLÄNDER KIRSCHENWOCHE

Anfang Juli dreht sich im Alten Land alles um die Kirsche. Der Kirschmarkt wird mit einer traditionellen Zeremonie an der Fleetseite des Jorker Rathauses eröffnet. Symbolisch werden die ersten Kirschen der Saison von einem Fleetkahn angelandet und an die in Tracht wartenden Repräsentanten der Stadt übergeben. Mit einer kurzen Ansprache der Blütenkönigin wird dann der Markt vor dem Rathaus eröffnet. Neben Naschereien und vielen Attraktionen kann man sich im Kirschkernweitspucken versuchen.

Ursprünglich war die Kirsche das Hauptobst im Alten Land. Heute ist es der Apfel. Die Kirsche ist eine sehr empfindliche Frucht. Ihr Anbau ist deshalb sehr aufwendig. Schon ein leichter Regen zur falschen Zeit reicht aus, damit sich ein Wassertropfen in der Fruchthöhle am Stiel absetzt. Über Nacht saugt sich die Frucht mit Wasser voll und platzt auf.

Kirschbäume tragen erst nach zehn Jahren richtig und von zehn Kirschernten sind sechs nicht gut. Neben dem Wetter gefährden auch Vögel die Ernte. Stare kommen in Scharen von den Elbinseln und vernichten im Akkord eine ganze Ernte. Durch Abdecken der Kirschplantagen mit Folien oder Netzen wird versucht, die Ernte vor Witterung und Vögeln zu schützen.

Im Alten Land werden heute nur noch auf etwa sechs Prozent der Anbaufläche Kirschen angebaut. Hier gibt es noch bis zu 50 verschiedene Kirschsorten, die man als lebendiges Kulturgut auch für zukünftige Züchtungen zu erhalten versucht. Bei der Ernte der Kirschen bleibt der Stiel an der Frucht, damit sie sich nicht verformt und länger gelagert werden kann.

Der Genuss der Altländer Kirschen war in der Vergangenheit aber nicht immer friedlich. 1581 verhängte der Hamburger Rat im »Kirschenkrieg« ein Einfuhrverbot für Früchte aus dem Alten Land. Das Erzbistum Bremen, zu dem das Alte Land damals gehörte, hatte zuvor die Einfuhr von Hamburger Bier verboten. Erst 1614 wurde der Handelsstreit beigelegt. Wie die Hamburger diese Zeit überstanden, ist nicht überliefert.

ROTE GRÜTZE

3 Portionen

250 ml Kirschsaft oder roter Traubensaft
2 EL Speisestärke
2 EL Zucker
600 g gemischte Beeren (Kirschen, Johannisbeeren, Himbeeren, Erdbeeren, Heidelbeeren, frisch oder tiefgekühlt)

Etwas Kirschsaft in einem Becher mit der Speisestärke verrühren.

In einem Topf den restlichen Saft mit dem Zucker und den Beeren vorsichtig vermischen und die Masse kurz aufkochen.

Die angerührte Speisestärke zu den Beeren geben und kurz köcheln lassen, bis die Masse eindickt. Dann den Topf vom Herd nehmen und die rote Grütze abkühlen lassen.

TIPP

Rote Grütze ist ein Klassiker in Norddeutschland. Dazu passen sehr gut Vanilleeis oder Vanillesauce (siehe Seite 47), aber auch Waffeln oder Milchreis.

AN DER ECKE UMWEG/SCHÜTZEN-HOFSTRASSE

AN DER ECKE UMWEG/SCHÜTZENHOFSTRASSE

Seit 1640 gab es an dieser Stelle im Ortskern von Jork einen Bauernhof. Im Jahre 1837 erwarb die Familie Wehrt das Haus und bewirtschaftet das inzwischen zum Hotel ausgebaute Anwesen bis heute. Zunächst nur im Nebenerwerb war es viele Jahre ein Bauernhof mit einer angeschlossenen Dorfgaststätte und Saal. Hier feierten in Jork die ansässigen Vereine ihre Bälle und hielten ihre Versammlungen ab. Haupterwerb der Familie Wehrt war damals noch die Landwirtschaft. Wo sich heute das Restaurant befindet, stand früher die Scheune, in der das Obst sortiert und gelagert wurde, dahinter befanden sich die Ställe für Schweine, Pferde, Kühe und Hühner.

Noch heute strahlt das Hotel einen historischen Charme aus. Die Philosophie der Küche lautet »vergessene Genüsse neu erleben«. Für die Qualität und Kreativität in diesem Konzept steht Dennis Korczanowski. Von klein auf im Alten Land beheimatet und noch unter dem Seniorchef in die Lehre gegangen, kehrte der heute 34-Jährige nach verschiedenen Stationen in der Gastronomie als Küchenchef zu seinen Wurzeln zurück.

Aber was heißt schon vergessene Genüsse. Der wahre Grünkohlliebhaber weiß die verschiedenen Sorten geschmacklich zu unterscheiden. So ist das Grünkohlbüfett im Hotel Altes Land ein Schlemmen durch verschiedene Grünkohlsorten. Teilweise nur noch selten angebaut, bezieht das Haus seine alten Gemüsesorten vom Museumsbauernhof Wennerstorf.

Althergebrachte Genüsse verspricht auch die überregional bekannte Altländer Hochzeitssuppe, deren Rezeptur unverändert geblieben ist. Auch wenn sie auf heutigen Hochzeitstafeln immer seltener zu finden ist, so ist sie doch ein beliebtes Gericht auf Altländer Speisekarten.

Das Wildfleisch, meist Reh, stammt von Jägern aus der Umgebung. Dennis Korczanowski, der selbst einen Jagdschein besitzt, weist auf die feine Geschmacksnote hin, wenn sich das Wild in Obstplantagen von den dort wachsenden Knospen ernährt. Das Wild schmeckt weniger streng als anderswo.

Fasziniert hat mich, wie Dennis Korczanowski seine Begeisterung für das Thema an seine Auszubildenden weitergibt. Diese übernahmen selbstständig und mit viel Liebe zum Detail die Vorbereitung und das Styling für unsere Fotoshootings. Vielen Dank dafür.

ALTLÄNDER HOCHZEITSSUPPE

10–12 Portionen

100 g Sellerie
1 Petersilienwurzel
1 Stange Porree
50 g Mehl
50 g Butter
400 g gekochter Tafelspitz
2 l Rinderbrühe
1 l süße Sahne
gemahlene Muskatnuss, Ingwerpulver
50 g eingeweichte Rosinen

Sellerie und Petersilienwurzel schälen und würfeln. Den Porree waschen und in dünne Streifen schneiden und in heißem Wasser kurz blanchieren. Aus dem Mehl und der Butter eine Mehlbutter kneten. Den Tafelspitz in daumennagelgroße Würfel schneiden.

Die Brühe mit der Sahne, Muskatnuss und Ingwer aufkochen, die Gemüsewürfel hineingeben und garen, bis sie bissfest sind. In der Zwischenzeit den Tafelspitz in etwas Brühe erwärmen.

Zum Schluss die Mehlbutter langsam in die Suppe einrühren, bis die gewünschte Bindung erreicht ist. Vor dem Servieren die Porreestreifen hinzugeben. Rosinen und Tafelspitzwürfel als Einlage verwenden.

KÖNIGSBERGER KLOPSE VOM BENTHEIMER SCHWEIN MIT ROLLGERSTE UND WEISSER BETE

4 Portionen

FÜR DIE WEISSE BETE

4 Knollen Weiße Bete
½ l Gemüsebrühe
75 ml Essig
90 g Zucker (nach Geschmack mehr)
Salz
1 Lorbeerblatt
½ TL Senfkörner

FÜR DIE KLOPSE UND DIE SAUCE

1 altbackenes Brötchen
etwas Milch (zum Einweichen der Brötchen)
1 Zwiebel
250 g Schweinehack
250 g Rinderhack
2 Eier
frisch gemahlener schwarzer Pfeffer, Salz, geriebene Muskatnuss
etwas Paniermehl nach Bedarf
3 l Rinderbrühe
50 g Butter
50 g Mehl
100 ml süße Sahne
40 g Kapern
Kapernäpfel zum Garnieren

AUSSERDEM

250 g Rollgerste (Gerstengraupen), mehrere Stunden eingeweicht

Für die marinierte Weiße Bete am Tag, bevor das Gericht serviert werden soll, die Knollen schälen und in etwa ½ cm dicke Scheiben schneiden. ½ l Wasser mit den restlichen Zutaten in einem Topf kurz aufkochen. Die Bete-Scheiben dazugeben und etwa 10 Minuten kochen. Dann den Topf vom Herd nehmen und die Bete über Nacht darin ziehen lassen.

Für die Klopse das Brötchen in der Milch einweichen, danach gut ausdrücken und zerpflücken. Die Zwiebel in sehr feine Würfel schneiden. Das Hackfleisch mit dem Brötchen, Eiern, Zwiebelwürfeln und Gewürzen zu einer gut formbaren Masse kneten und Klopse formen. Falls die Masse etwas zu feucht ist und sich nicht gut formen lässt, etwas Paniermehl darunterheben.

Die Rinderbrühe aufkochen und die Klopse darin gar ziehen lassen. Herausnehmen und warm stellen. Aus der Butter und dem Mehl eine Mehlbutter kneten. Die Brühe durch ein Sieb passieren, etwa 650 ml abmessen, Sahne und Kapern zugeben und aufkochen. Die Kapernsauce mit der Mehlbutter bis zur gewünschten Konsistenz andicken.

In der Zwischenzeit die Rollgerste in Salzwasser kochen, dann abgießen. Die Weiße Bete aus dem Sud heben.

ANRICHTEN

Die Rollgerste mithilfe von Dessertringen oder Spiegeleiformen in eine runde Form bringen. Die Klopse mit Sauce und die marinierte Bete daneben anrichten. Mit Kapernäpfeln garnieren und servieren.

REHKEULE MIT SERVIETTENKNÖDELN, GEBRATENEM ROSENKOHL UND PREISELBEERRAHMSAUCE

4–6 Portionen

FÜR DIE SERVIETTENKNÖDEL
650 g altbackenes Weißbrot oder Brötchen
80 g Butter
800 ml Vollmilch
80 g Zwiebeln, gewürfelt
4 Eier
1 Bund Petersilie
Salz, Muskat
etwas Mehl zum Bestauben

FÜR DIE REHKEULE UND DEN ROSENKOHL
2 kg Rehkeule
Salz, frisch gemahlener schwarzer Pfeffer, Wildgewürz
1 l Wildfond
200 ml süße Sahne
200 g Preiselbeeren
2 EL Mehl
500 g Rosenkohl
1 Zwiebel
80 g Speck
Zucker
neutrales Öl oder Butterschmalz zum Braten

Für die Serviettenknödel das Weißbrot in kleine Würfel schneiden. Etwa ⅕ der Würfel in Butter hellbraun rösten und mit den restlichen Brotwürfeln in einer Schüssel vermischen. Die Milch aufkochen, über die Brotwürfel gießen und etwa 30 Minuten einweichen lassen.

Die Zwiebelwürfel in etwas erhitzter Butter anschwitzen, bis sie glasig sind. Die Eier trennen. Die Zwiebelwürfel, gehackte Petersilie, eingeweichte Brotwürfel, Eigelb und Gewürze miteinander vermengen. Den Teig 45 Minuten ruhen lassen.

Das Eiweiß steif schlagen und unter die Brötchen-Ei-Masse heben. Die Knödelmasse zu einer Walze formen und in ein bemehltes Passiertuch locker einschlagen (sie soll beim Garen noch aufgehen). Das Tuch an den Enden zusammenbinden und die Serviettenknödel 8 Minuten im Wasserbad pochieren.

Die Rehkeule mit Salz, Pfeffer und dem Wildgewürz einreiben und bei 65 °C im Sous-Vide-Garer 4–5 Stunden garen.

In der Zwischenzeit den Wildfond mit der Sahne und den Preiselbeeren aufkochen. Mehl mit etwas Wasser glatt rühren und die Sauce damit binden.

Den Rosenkohl putzen, die Strünke abschneiden und die Röschen vierteln. Die Zwiebel abziehen und ebenso wie den Speck würfeln. Den Speck in einer heißen Pfanne knusprig braten, dann den Rosenkohl zugeben, die Hitze reduzieren und das Gemüse bissfest braten. Zum Schluss die Zwiebeln zufügen und glasig werden lassen. Mit Salz, Pfeffer und etwas Zucker abschmecken.

Die Rehkeule nach der Garzeit einmal scharf anbraten, danach in Scheiben schneiden. Die Serviettenknödel in Scheiben schneiden und ebenfalls anbraten.

ANRICHTEN
Einige Löffel Sauce auf Tellern verteilen, zwei bis drei Fleischscheiben hineinlegen. Die Serviettenknödel und den Rosenkohl daneben anrichten. Die restliche Sauce separat dazu servieren.

TIPP
Alternativ kann die Rehkeule im Backofen gegart werden. Dafür die vorbereitete Keule in einem Bräter in heißem Butterschmalz rundum kräftig anbraten, mit dem Wildfond ablöschen und den Deckel aufsetzen. Auf der untersten Schiene im vorgeheizten Backofen bei 200 °C etwa 1½–2 Stunden schmoren.

ROTWEIN-MATJES-TATAR MIT RÖSTI UND CRÈME FRAÎCHE

4 Portionen

FÜR DAS MATJES-TATAR
600 g Rotwein-Matjesfilets, alternativ Sherry-Matjesfilets
1 Zwiebel
1 großer säuerlicher Apfel (Boskoop)
4 Cornichons
2 EL Zitronensaft
1 TL Dijonsenf
Salz, frisch gemahlener schwarzer Pfeffer
1 EL Kapern
Zwiebelringe, Zitronenscheiben, Dill und Salatblätter zum Anrichten

FÜR DIE RÖSTI
450 g festkochende Kartoffeln
1 Ei
5 EL Butterschmalz

AUSSERDEM
1 Becher Crème fraîche

Für das Tatar die Matjesfilets würfeln und mit dem Messer fein hacken. Die Zwiebel abziehen, den Apfel schälen und das Kerngehäuse entfernen. Zwiebel, Apfel und Cornichons fein würfeln und zum Matjeshack geben.

Alles mit Zitronensaft, Dijonsenf, Salz und Pfeffer würzen, gut mischen und die Kapern unterheben. Das Tatar vor dem Servieren 1 Stunde ziehen lassen.

In der Zwischenzeit für die Rösti die Kartoffeln schälen und grob raspeln. Anschließend in einem Tuch gut ausdrücken und trocknen lassen.

Die Kartoffelraspel mit dem Ei mischen, salzen und pfeffern. In einer Pfanne das Butterschmalz erhitzen. Die Kartoffelmasse zu runden Rösti von etwa 9 cm Durchmesser formen und von beiden Seiten goldgelb und knusprig braten.

ANRICHTEN
Salatblätter auf Teller auslegen, das Matjes-Tatar darauf anrichten und mit Zwiebelringen, Zitronenscheiben und etwas Dill garnieren. Röstischeiben neben das Tatar legen und die glatt gerührte Crème fraîche in einer kleinen Schale dazustellen.

GEBRATENE APFEL-SPALTEN MIT ROSINEN UND VANILLEEIS

3 Portionen

6 große süße Äpfel
40 g Butter
30 g eingeweichte Rosinen
Zimtpulver, Zucker
Vanilleeis
Minze zum Garnieren

Die Äpfel schälen, vierteln, das Kerngehäuse entfernen und in Scheiben schneiden. Diese in einer Pfanne mit der Butter nur kurz anbraten, sodass sie ihren Biss behalten.

Zum Schluss die Rosinen dazugeben und mit Zimt und Zucker abschmecken.

ANRICHTEN

Die Äpfel mit den Rosinen in Schalen füllen, eine Kugel Vanilleeis daraufsetzen und mit einem Zweig Minze garniert servieren.

PARADIESAPFEL MIT VANILLESAUCE

8 Portionen

FÜR DIE PARADIESÄPFEL
8 süße rotschalige Äpfel
150 g Butter
2 ½ Spekulatius
25 g Walnüsse
40 g Frischkäse
3 EL Zucker
1 EL Rosinen
½ TL Zimt
1 TL Vanillezucker

FÜR DIE VANILLESAUCE
2 Vanilleschoten
500 ml süße Sahne
4 EL Zucker
2 Eigelb
Minze zum Garnieren

Die Äpfel aushöhlen, aber nicht ganz durchstechen, da der Apfel sonst zu sehr ausläuft.

Die Butter schmelzen, die Spekulatius zerdrücken, die Nüsse hacken und mit den restlichen Zutaten vermengen.

Die Äpfel mit der Spekulatius-Nuss-Mischung füllen, in eine feuerfeste Form setzen und im vorgeheizten Backofen bei 180 °C Ober-/Unterhitze etwa 15–20 Minuten backen.

In der Zwischenzeit für die Vanillesauce die Vanilleschoten aufschneiden und das Mark herauskratzen. Die Sahne mit den Vanilleschoten, Mark und Zucker in einen Topf geben, aufkochen, vom Herd nehmen und 10 Minuten ziehen lassen. Danach die Vanilleschoten herausnehmen.

Das Eigelb verquirlen und mit dem Schneebesen in die Vanillesahne einarbeiten. Die Masse langsam bis kurz vor dem Siedepunkt erhitzen, dabei mit dem Schneebesen kräftig schlagen, bis sie anzudicken beginnt. Die Vanillesauce unter wiederholtem Umrühren erkalten lassen. Dann in den Kühlschrank stellen.

TIPP
Keine Panik, falls die Sauce zu dünnflüssig erscheint. Sie wird erst im Kühlschrank richtig dick.

ANRICHTEN
Die Sauce in Dessertschalen füllen und die Paradiesäpfel hineinsetzen. Mit Minze garnieren und servieren.

ALTLÄNDER BUTTER-KUCHENLAUF

ALTLÄNDER BUTTERKUCHENLAUF

Anfang Oktober findet im Alten Land der Butterkuchenlauf statt. Start und Ziel ist Jork. Der beliebte Traditionslauf fand 2023 zum zwölften Mal statt. Die Laufstrecken sind Rundkurse entlang der Fleete, der Elbe und der Obstplantagen. Die längste Strecke hat eine Länge von 18 Kilometern, für die die Schnellsten etwas mehr als eine Stunde benötigen. Auch Hunde können mitlaufen. Herrchen und Frauchen haben beim Dogging Run die Möglichkeit, sich als Duo auf einer Strecke von 6,5 km zu beweisen.

Die Veranstaltungen dienen einem guten Zweck. Das Startgeld der etwa 700 Teilnehmer ist eine direkte Spende an den Förderverein der Freiwilligen Feuerwehr, das THW Stade und andere örtliche Vereine und Institutionen. Im Ziel wartet die Blütenkönigin mit einer Medaille auf die Teilnehmer und es gibt ein Stück frischen, leckeren Butterkuchen, gesponsert von der Bäckerei Schrader.

12:10:04
874
828
885

DER WEGEZOLL AUF DER GEEST

DER WEGEZOLL AUF DER GEEST

Wenn man in früheren Zeiten das Marschland des Alten Landes oder die Hansestädte Buxtehude und Stade landeinwärts verlassen oder dorthin einreisen wollte, ging das nur über die Stader Geest. Hier warteten kleine Stationen mit Schlagbäumen auf die Reisenden. Fern der Dörfer zahlte man hier ein Wegegeld und stärkte sich an den hier angebotenen Speisen. Mit dem Bau der Eisenbahn in die Marschlande verloren diese Stationen an Bedeutung und gerieten zunehmend in Vergessenheit.

Das heutige Gasthaus Viebrock, gelegen zwischen Bliedersdorf und Harsefeld, war eine solche Zollstation mit warmer Küche für die Reisenden. Bereits im Mittelalter führten Handels- und Pilgerwege unweit am Haus vorbei. Pilger wanderten auf der Via Baltica an der Lühe durch das Alte Land entlang Richtung Süden. Als Teil des deutschen Jakobswegs verband die Route im Mittelalter Swinemünde an der Ostsee mit Münster in Westfalen. Mit der Reformation verloren diese Pilgerwege im überwiegend protestantischen Norden an Bedeutung. Die Handelswege blieben dagegen für die Hansestädte Stade und Buxtehude weiterhin wichtig. Zu Beginn des 19. Jahrhunderts marschierte Napoleon mit seinen Soldaten unweit des Hauses nordwärts Richtung Stade und nach Hamburg. Von 1806 bis 1813 übernahm er Stade und verfügte auch hier seine Wirtschaftsblockade gegenüber England. Im Unterschied zu Hamburg ist im Alten Land der kulinarische Einfluss dieser Franzosenzeit allerdings ausgeblieben. Auch hier galt wohl schon immer »Wat de Buer nich kennt, dat frett he nich« (Was der Bauer nicht kennt, das isst er nicht).

Seit den 50er Jahren des vergangenen Jahrhunderts ist das Gasthaus Viebrock mit der ehemaligen Zollstation in Besitz der Familie Cohrs. Heute führt Lukas Cohrs in der vierten Generation den Betrieb. Während seine Urgroßeltern noch die Landwirtschaft in den Vordergrund stellten, liegt seit den 1960er Jahren der Fokus auf dem Gasthaus. Heute keine Durchgangsstation mehr ist es nun ein beliebtes Reiseziel in der Urlaubsregion Altes Land mit anspruchsvoller Küche. Der gelernte Küchenmeister und studierte Hotelbetriebswirt legt dabei Wert auf den regionalen Bezug, zumal die meisten seiner Gäste immer noch aus dem Umland kommen und das Vertraute wünschen. Etwas ganz Besonderes auf seiner Karte sind seine Bioforellen. Diese bezieht er vom nahen Forellenhof Wilke, einer Teichwirtschaft am Oberlauf der Lühe. Eine ganz besondere Saison im Kalender von Lukas Cohrs ist die Spargelzeit. Im Unterschied zum Marschland gibt es auf der Geest Spargelanbau. Gerne verlassen die Marschländer ihre Elbniederungen, um im »Hochland« des Alten Landes das beliebte Gemüse zu genießen.

GEBRATENE FORELLE MIT MANDELBUTTER MIT SCHMAND-GURKENSALAT

2 Portionen

2 Gurken
Salz
1 Schalotte
1 Bund Dill
50 g Schmand
3 EL Essig
Zucker, frisch gemahlener schwarzer Pfeffer
2 Forellen à 350 g, küchenfertig, möglichst Bio-Qualität
1 EL Zitronensaft
2 EL Mehl
neutrales Öl oder Butterschmalz zum Braten
100 g Butter
50 g Mandeln, gehobelt

Für den Gurkensalat die Gurken waschen, schälen und in feine Scheiben hobeln oder schneiden. Die Scheiben leicht salzen und 15 Minuten ziehen lassen. Anschließend die Gurken leicht ausdrücken und die Flüssigkeit abgießen.

In der Zwischenzeit die Schalotte abziehen und in feine Würfel schneiden. Den Dill klein schneiden. Den Schmand mit etwas Essig, Zucker, Pfeffer und Salz abschmecken und mit den Gurken und dem Dill vermengen.

Die Forellen gut mit Wasser abspülen, um den Schleim zu entfernen, und anschließend trockentupfen. Mit Zitronensaft beträufeln und von beiden Seiten salzen. Anschließend in Mehl wenden und in einer heißen Pfanne mit viel Fett von beiden Seiten goldbraun braten.

In einer zweiten Pfanne die Butter schmelzen und die gehobelten Mandeln darin anrösten.

ANRICHTEN

Zum Servieren die Forellen auf Tellern anrichten, mit der Mandelbutter übergießen und mit dem Gurkensalat servieren.

SCHOLLE FINKENWERDER ART MIT KARTOFFELSALAT

2 Portionen

1 Zwiebel
2 große Gewürzgurken
3 EL Essig
Zucker, Salz, frisch gemahlener schwarzer Pfeffer
1 EL körniger Senf
500 g gekochte Salzkartoffeln
70 g Mayonnaise
2 Schollen à 450 g, küchenfertig
1 EL Zitronensaft
2 EL Mehl
Fett zum Braten
50 g Butter
100 g Speckwürfel
Dill, Zitronenscheiben zum Garnieren

Die Zwiebel abziehen und ebenso wie die Gewürzgurken in feine Würfel schneiden. Die Gurkenwürfel und die Hälfte der Zwiebelwürfel in etwas Gewürzgurkenwasser aufkochen. Mit etwas Essig, Zucker, Salz, Pfeffer und Senf kräftig abschmecken. Die gekochten und abgekühlten Salzkartoffeln in Scheiben schneiden und mit dem noch heißen Sud übergießen. Vorsichtig durchmengen und etwa 30 Minuten durchziehen lassen. Anschließend so viel Mayonnaise unterheben, bis der Kartoffelsalat eine geschmeidige Konsistenz hat.

Die Schollen waschen, trockentupfen, mit Zitronensaft beträufeln und von beiden Seiten salzen. Anschließend in Mehl wenden und in eine Pfanne mit heißem Fett legen. Auf jeder Seite 4 Minuten braten, dabei mit der hellen Seite beginnen. Zum Schluss noch mal kurz von der hellen Seite braten.

In einer zweiten Pfanne die Butter schmelzen und darin die Speck- und die restlichen Zwiebelwürfel goldbraun braten (Speckstippe).

ANRICHTEN

Die Scholle mit der hellen Seite nach oben auf einem Teller anrichten und die Speckstippe darübergeben. Mit Zitronenscheiben und etwas Dill garnieren. Den Kartoffelsalat dazu servieren.

MATJESFILETS NACH HAUSFRAUENART MIT BRATKARTOFFELN

2 Portionen

50 g Sauerrahm
50 g Mayonnaise
Zucker, Salz, frisch gemahlener schwarzer Pfeffer
1 EL Zitronensaft
1 Apfel
1 Zwiebel
500 g gekochte Kartoffeln
Butterschmalz zum Braten
3 Matjes-Doppelfilets
1 rote Zwiebel, 1 Karotte, Radieschen, Dill, Schnittlauch zum Garnieren

Für die Sauce den Sauerrahm und die Mayonnaise miteinander verrühren und mit etwas Zucker, Salz, Pfeffer und Zitronensaft abschmecken. Anschließend den Apfel schälen und in dünne Streifen schneiden. Die Zwiebel abziehen und auch in feine Streifen schneiden. Alles miteinander vermengen und 15 Minuten durchziehen lassen.

Die gekochten Kartoffeln in Scheiben schneiden und in heißem Butterschmalz braten.

Die Matjesfilets unter kaltem Wasser abspülen und zusammen mit den Bratkartoffeln und der Sauce anrichten. Mit roten Zwiebelringen, Karottenstreifen, Radieschenscheiben, Dill und Schnittlauchröllchen garniert servieren.

REHRAGOUT MIT SEMMELKNÖDELN UND ZWETSCHGEN-CHUTNEY

3 Portionen

FÜR DAS REHRAGOUT
600 g Rehfleisch aus der Schulter
2 Zwiebeln
neutrales Öl zum Braten
1 EL Tomatenmark
100 ml Rotwein
5 Wacholderbeeren
1 Gewürznelke
1 Lorbeerblatt
1 EL Mehl
1 l Brühe oder brauner Kalbsfond
Salz, frisch gemahlener schwarzer Pfeffer

FÜR DIE SEMMELKNÖDEL
300 g altbackenes Weißbrot oder Toastbrot
50 g Speckwürfel
150 ml Milch
2 Eier
Muskatnuss

FÜR DAS ZWETSCHGEN-CHUTNEY
500 g Zwetschgen
1 rote Zwiebel
100 g brauner Zucker
75 ml Rotwein
75 ml Balsamico oder Rotweinessig
1 Lorbeerblatt
1 Gewürznelke
1 Zimtstange

AUSSERDEM
150 g kleine Champignons
½ Bund Petersilie
Butterschmalz zum Braten
Lauchzwiebeln zum Garnieren

Das Rehfleisch in Würfel von etwa 3 × 3 cm schneiden. Eine Zwiebel abziehen und in Streifen schneiden. In einem heißen Topf die Fleischwürfel in wenig Öl scharf anbraten. Die Zwiebelstreifen dazugeben und glasig werden lassen. Dann das Tomatenmark einrühren und bei mittlerer Hitze kurz mitrösten. Bevor das Tomatenmark anbrennt, mit dem Rotwein ablöschen.

In einem Mörser die Wacholderbeeren und die Nelke zerkleinern und mit dem Lorbeerblatt in den Topf geben. Das Ragout mit dem Mehl bestauben und gut durchrühren. Dann die Brühe oder den Fond angießen und alles abgedeckt etwa 1 ½ Stunden köcheln lassen, bis das Fleisch gar ist. Die Sauce mit Salz und Pfeffer abschmecken.

Für die Semmelknödel das altbackene Brot oder alternativ Toastbrot in kleine Stücke schneiden. Die zweite Zwiebel abziehen und in Würfel schneiden.

In einer Pfanne Zwiebel- und Speckwürfel anschwitzen. Die Milch in einem Topf zum Kochen bringen und über das Brot gießen.

Die Eier, den Speck und die Zwiebeln dazugeben und alles verkneten, bis eine geschmeidige Masse entsteht. Mit Salz, Pfeffer und Muskatnuss abschmecken. Kleine Bällchen formen und in einem Topf mit leicht gesalzenem Wasser einmal aufkochen. Die Semmelknödel 5 Minuten ziehen lassen.

Für das Zwetschgen-Chutney die Zwetschgen waschen, entkernen und in Spalten schneiden. Die Zwiebel abziehen und in feine Ringe schneiden.

Die Zwiebel im heißen Öl andünsten, die Zwetschgen zugeben und kurz mitdünsten. Anschließend den Zucker einstreuen, Rotwein und Essig angießen. Die Gewürze hinzufügen und alles mit Salz und Pfeffer würzen.

30–40 Minuten köcheln lassen, dabei immer wieder umrühren. Die Gewürze entfernen und das Chutney nochmals abschmecken.

Inzwischen die Champignons putzen und halbieren oder in Scheiben schneiden. Die Petersilie waschen, trockenschleudern und hacken. Die Champignons im heißen Butterschmalz wenige Minuten braten, mit Salz und Pfeffer würzen und die Petersilie unterrühren.

ANRICHTEN
Das Rehragout in tiefe Teller verteilen. Semmelknödel und Zwetschgen-Chutney darauf anrichten und Champignons darüberhäufeln. Mit Frühlingszwiebelröllchen bestreuen und servieren.

SCHOKOLADEN-BROWNIE MIT ZWETSCHGENKOMPOTT UND SALZKARAMELLEIS

3 Portionen

80 g Butter
120 g dunkle Kuvertüre
2 Eier
100 g Zucker
100 g Mehl
250 g Zwetschgen
50 g Zucker
etwas Rotwein (nach Wunsch)
1 Stange Zimt
Salzkaramelleis oder Vanilleeis
Minze und essbare Deko zum Garnieren

Für den Brownie in einem Wasserbad die Butter und die Kuvertüre zusammen schmelzen. Die Eier mit dem Zucker schaumig schlagen. Die Ei-Zucker-Masse mit der Butter und Kuvertüre vermengen und das Mehl vorsichtig unterheben.

Den Brownieteig in eine flache Backform füllen und im vorgeheizten Backofen bei 180 °C Umluft 15 Minuten backen. Nach dem Backen etwa 30 Minuten auskühlen lassen. Danach in Würfel schneiden.

In der Zwischenzeit die Zwetschgen waschen, entsteinen und vierteln. In einer Pfanne den Zucker leicht karamellisieren lassen, dann die Zwetschgen zugeben und mit etwas Wasser oder Rotwein ablöschen. Eine Stange Zimt zugeben und bei leichter Hitze aufkochen lassen. Vom Herd nehmen und hin und wieder umrühren, bis sich der Zucker komplett aufgelöst hat.

ANRICHTEN

Das Zwetschgenkompott auf Dessertteller verteilen, je eine Kugel Eis und einen Browniewürfel daraufsetzen. Nach Wunsch mit Minzeblättchen und essbaren Deko-Elementen garniert servieren.

Hofladen

DIE PERLEN AUS DER ESTE

DIE PERLEN AUS DER ESTE

Die Este ist neben der Lühe eines der wichtigsten Fließgewässer im Alten Land. Mit zahlreichen Nebenbächen entspringt die Este in der Lüneburger Heide. In der Vergangenheit bargen sie einen seltenen Schatz: Die gesamte Region war einst reich an Flussperlmuscheln. Der Perlbach, der auf der Geest oberhalb des Marschlandes des Alten Landes in die Este mündet, erinnert mit seinem Namen an diese Geschichte.

Von der Mitte des 17. bis ins 18. Jahrhundert wurden die Flussperlmuscheln gefischt. Nicht selten mussten bis zu 100 Muscheln geöffnet werden, um eine Perle zu erhalten, die sich heute in so manchem Schmuckstück des europäischen Adels und sicher auch in der Tracht manch wohlhabender Altländer Bauernfamilie findet. An Qualität standen diese Perlen denen aus dem Orient in nichts nach. Ihr Wert richtete sich nach Größe, der Färbung und dem Glanz. Durch Überfischung und Bachregulierungen gingen die Muschelbestände im Laufe der Zeit stark zurück, sodass die Perlenfischerei sich im Laufe des 18. Jahrhunderts nicht mehr lohnte.

Der Perlbach entspringt westlich von Ochtmannsbruch bei Hollenstedt. Raritäten gibt es auch heute noch, aber nicht als Kleinod im Bach, sondern in der regionalen Küche und in der ökologischen Landwirtschaft. Ein solches Kleinod ist der Wilkenshoff in Ochtmannsbruch bei Hollenstedt. Der in 13. Generation geführte Biohof hat sich der nachhaltigen Produktion heimischer Lebensmittel verschrieben. Spitzenköche der Region zählen den Hof zu ihren bevorzugten Lieferanten.

Auf dem Wilkenshoff gibt es nicht nur einen Hofladen, sondern auch ein Hofcafé. Christopher Leichsenring betreibt das Bistro und hat hier seine berufliche Heimat gefunden. Als gelernter Koch mit Erfahrung in der internationalen Spitzengastronomie teilt er die Philosophie des Hofes und kreiert mit seinem Team im ehemaligen Stall des jahrhundertealten Gebäudes kulinarische Köstlichkeiten aus Bioprodukten. Sein Betrieb ist einer der wenigen in der Region, der nicht nur für einzelnen Gerichte, sondern seit 2023 auch als Restaurant komplett biozertifiziert ist. Als Partner der Green Chefs setzt er sich für mehr Fairness, Verantwortung und Nachhaltigkeit im Umgang mit Ressourcen ein.

APFEL-MEERRETTICH-SUPPE

4 Portionen

4 säuerliche Äpfel, z.B. Boskoop
1 mehligkochende Kartoffel
1 Gemüsezwiebel
2 EL Butter
300 ml Apfelsaft
500 ml Gemüsebrühe
200 ml süße Sahne
2 EL Meerrettich
Salz, frisch gemahlener schwarzer Pfeffer
essbare Blüten und Kräuterblätter zum Garnieren

Die Äpfel schälen und das Kerngehäuse entfernen. Die Kartoffel ebenfalls schälen, die Zwiebel abziehen. Alles in Würfel schneiden und in der heißen Butter anschwitzen. Mit Apfelsaft ablöschen und die Brühe angießen. Wenn alles gar ist, mit einem Stabmixer pürieren, Sahne und Meerrettich einrühren. Mit Salz und Pfeffer abschmecken.

ANRICHTEN

Die Suppe in Schalen füllen und mit einigen essbaren Blüten und Blättern bestreut servieren.

GEBRATENE FORELLE MIT APFEL-CHUTNEY

4 Portionen

½ kg Äpfel
3 mittelgroße Zwiebeln
1–2 TL neutrales Öl
250 g brauner Zucker
350 ml Apfelessig
Saft von ½ Zitrone
1 frische Chili
Zimt, frisch gemahlener schwarzer Pfeffer, Salz
4 Forellen
einige Stängel Salbei, Thymian, Zimtbasilikum, Thai-Koriander
Butterschmalz oder neutrales Öl zum Braten

Für das Chutney die Äpfel schälen und das Kerngehäuse entfernen, die Zwiebeln abziehen und alles in kleine Würfel schneiden. Die Chili entkernen und in feine Streifen schneiden.

Das Öl in einem Topf erhitzen, Apfel- und Zwiebelwürfel darin andünsten. Nach und nach unter Rühren den Zucker dazugeben, danach den Essig, Zitronensaft, Chili, Zimt und Pfeffer unterrühren. Das Chutney langsam aufkochen und abschmecken.

Die Forellen innen und außen mit Salz und Pfeffer würzen. Die Kräuter mit den Händen etwas zerreiben, um die ätherischen Öle zu aktivieren, und in die Forellen füllen. Die Fische bei mittlerer Hitze in heißem Fett von beiden Seiten goldbraun braten.

ANRICHTEN

Die Forellen mit dem Chutney auf Tellern anrichten. Dazu passen junge Kartoffeln.

WILDBURGER MIT APFEL-ZIMT-KETCHUP UND ROTKOHLSALAT

4 Portionen

FÜR DIE BUNS
60 g Hokkaido-Kürbis
18 g Butter
40 ml Milch
10 g Hefe
175 g Dinkelmehl
Salz

FÜR DEN APFEL-ZIMT-KETCHUP
200 g Apfelmus
¼ TL Zimt
2 EL Tomatenmark
etwas Honig
frisch gemahlener schwarzer Pfeffer, Zucker

FÜR DIE BURGER
1 kg Wildhack
1 Ei
2 TL Senf
Zimtpulver, Nelkenpulver

FÜR DEN ROTKOHLSALAT
1 mittelgroßer Kopf Rotkohl
2 Äpfel
100 ml Apfelessig
400 ml Apfelsaft
2 TL Honig
1 TL Glühweingewürz

AUSSERDEM
Feldsalat zum Anrichten

Den Kürbis entkernen, in Stücke schneiden und in einem Topf mit etwas Wasser und Butter weich kochen. Anschließend mit einem Stabmixer pürieren. Die Milch anwärmen und die Hefe darin auflösen. Kürbis, Mehl und die Milch-Hefe-Mischung sowie 1 Prise Salz in eine Schüssel geben und gut durchkneten. Den Teig abgedeckt an einer warmen Stelle 30 Minuten gehen lassen. Anschließend in vier Stücke teilen, zu kleinen Buns formen und diese weitere 60 Minuten gehen lassen. Danach im vorgeheizten Backofen 15–20 Minuten bei 200 °C Ober-/Unterhitze backen.

Für den Apfel-Zimt-Ketchup Apfelmus, Zimt, Tomatenmark und etwas Honig nach Geschmack mischen, mit Salz, Pfeffer und Zucker abschmecken. Sollte das Mus sehr fest sein, etwas Apfelsaft unterrühren.

Für den Burger das Wildhack mit dem Ei, Salz, Pfeffer, Senf, Zimt- und Nelkenpulver abschmecken. Zu vier Pattys formen und in einer Pfanne mit Öl und Butter goldbraun anbraten.

Für den Rotkohlsalat den Kohl putzen und in feine Streifen schneiden. Die Äpfel waschen, das Kerngehäuse entfernen und klein schneiden. Rotkohl und Äpfel mischen, Apfelessig, Apfelsaft, Honig und Glühweingewürz hinzufügen, abschmecken und etwas durchziehen lassen.

ANRICHTEN

Die Buns aufschneiden. Auf die untere Brötchenhälfte Rotkohlsalat häufeln, mit etwas Feldsalat und einem Burger belegen und mit dem Apfel-Zimt-Chutney toppen. Mit der zweiten Brötchenhälfte abdecken. Dazu schmecken im Ofen gebackene Kartoffelecken.

WILDSCHWEIN-SPARERIBS

2 Portionen

1 TL Kaffeesatz
2 TL Koriandersaat
1 TL Paprika, edelsüß
1 TL Salz
1 kg Wildschwein-Spareribs
1 Portion Apfel-Ketchup (siehe linke Seite, statt Zimt 1 TL Currypulver verwenden)
Rotkohlsalat (siehe linke Seite)
Apfelspalten, Feldsalat und Sprossen zum Garnieren

Kaffeesatz und die Gewürze mischen und die Spareribs damit einreiben. ½ Stunde marinieren.

Den Backofen auf 190 °C vorheizen und die Spareribs bei 170 °C Umluft etwa 80 Minuten garen. Schieben Sie darunter ein Blech mit etwas Wasser ein, um das Fett aufzufangen. Die Spareribs ab und an mit dem Wasser-Fett-Gemisch bepinseln und die letzten 10 Minuten die Ribs mit Apfel-Ketchup einpinseln.

ANRICHTEN

Die Spareribs mit dem Rotkohlsalat anrichten und mit einigen Feldsalatblättern, Apfelspalten und Sprossen garnieren. Dazu schmecken im Ofen gebackene Kartoffel- und Kürbisspalten.

VEGANER APFELKUCHEN

1 Blech

2 kg Äpfel

FÜR DEN BODEN
500 g Dinkelmehl
300 g brauner Zucker
300 g Margarine

FÜR DIE STREUSEL
250 g Dinkelmehl
190 g Zucker
200 g Margarine
1 TL Zimt

Die Äpfel schälen, vierteln und das Kerngehäuse entfernen.

Die Zutaten für den Boden miteinander verkneten und auf ein gefettetes Backblech drücken. Die Äpfel darauf verteilen.

Die Streuselzutaten mit den Händen verkneten und zu Streuseln verarbeiten. Die Streusel gleichmäßig auf den Äpfeln verteilen.

Den Backofen auf 150 °C Ober-/ Unterhitze vorheizen, den Apfelkuchen einschieben und etwa 25 Minuten backen, bis die Streusel goldgelb sind.

APFELERNTE

O WELCHE LUST, AUF DIE
BÄUME STEIGEN
UND KLETTERN UMHER
IN DEN SCHWANKEN
ZWEIGEN!

WIR MÜSSEN UNS RECKEN,
MÜSSEN UNS BÜCKEN,
DIE ÄPFEL UND BIRNEN
UND ZWETSCHGEN ZU
PFLÜCKEN.

UND KÖNNEN WIR NICHT
ZUM WIPFEL GELANGEN,
WO MEIST DIE ALLER-
SCHÖNSTEN HANGEN,

DANN LEGEN WIR DIE
LEITER DRAN
UND ZIEHEN MIT HAKEN DIE
ZWEIGE HERAN.

HILFT DAS AUCH NICHTS,
DANN KOMMT DAS BESTE,
WIR SCHÜTTELN ALLE
ZWEIG' UND ÄSTE,

UND WENN ES DANN
REGNET ÄPFEL IM NU,
DANN SEHEN WIR JUBELND
VON FERNE ZU.

AUGUST HEINRICH HOFFMANN VON FALLERSLEBEN
(1798–1874)

OBSTHOFEXPRESS

OBSTHOFEXPRESS

In meiner Jugend in den 70er Jahren waren viele Obstbauern noch vom Großmarkt abhängig, der ihnen zur Erntezeit die Obstpreise diktierte. Nur wenige wagten es, sich durch Investitionen in eigene Kühlhäuser davon zu lösen, um eine bessere Wertschöpfung zu erzielen. Die Hofläden waren noch selten, und an Erlebnisgastronomie und verschiedene Veranstaltungen vor Ort war noch nicht zu denken.

Heute sind Hofladen, Hofcafé und Hofführungen, vielleicht sogar eigene Gästezimmer im Alten Land keine Seltenheit mehr. Busse mit Touristen parken selbstverständlich vor den Obsthöfen und laden die Gäste zum Verweilen ein, besonders am Tag des offenen Hofes im September. Mancherorts wartet der Obstbauer mit seinem Obstexpress auf die Gäste, einem Treckergespann, mit dem er seine Besucher in die Plantagen fährt und dabei über die Mühen im Obstanbau berichtet.

Viel Handarbeit das ganze Jahr über. Drei Mal pro Jahr werden die Bäume beschnitten. Zur Blütezeit hat man Angst vor Nachtfrösten und hofft, dass bei gutem Wetter im Alten Land 20.000 eingesetzte Bienenvölker das Bestäuben übernehmen. Für eine erfolgreiche Bestäubung sind bestimmte Wetterbedingungen wichtig, die mit der Blüte und der Bestäubung zusammenfallen müssen. Das entscheidet sich nicht selten innerhalb weniger Tage während der Blütezeit. Und immer wieder der Blick zum Himmel, damit kein Wetter den Reifeprozess behindert oder die Frucht beschädigt, schließlich will der Kunde nur makellose Früchte.

Wenn alle Schwierigkeiten überwunden sind, geht es noch einmal darum, den richtigen Zeitpunkt für die Ernte zu finden. Die Frucht darf nicht zu reif sein, um den Weg zum Kunden zu schaffen. Deshalb werden die Plantagen während der Erntezeit bis zu fünf Mal durchfahren. Dabei wird immer nur ein gewisser Reifegrad geerntet, der Rest bleibt am Baum. Der richtige Reifegrad am richtigen Tag ist auch für eine erfolgreiche Lagerung sehr wichtig. Jede Apfelsorte hat ihr eigenes Kühlhaus. Jede Sorte braucht ihre eigene Temperatur. Dank der Kühltechnik können wir heute fast das ganze Jahr über heimische Äpfel genießen.

Am Ende einer interessanten Hofführung wartet der selbst gebackene Obstkuchen oder die Borsteler Apfelsuppe auf die Gäste und auf meine kubanische Schwiegermutter, die Altländer Blütenkönigin. Ein wundervoller Tag auf einem Obsthof im Alten Land.

GRUNDREZEPTE TEIG

HEFETEIG

450 g Mehl
60 g Zucker
Salz
1 Würfel Hefe
150 ml Milch
2 Eier
60 g Butter

In einer Schüssel Mehl, Zucker und 1 Prise Salz vermischen. In einer kleinen Schüssel die Hefe in die zimmerwarme Milch bröseln und rühren, bis die Hefe aufgelöst ist. Die Hefe-Milch-Mischung mit den Eiern und der weichen Butter zu der Mehl-Mischung geben und alles gut durchkneten. Den Teig anschließend abgedeckt 60 Minuten ruhen lassen, bis er sein Volumen deutlich vergrößert hat. Danach nochmals kräftig durchkneten und nach Wunsch weiterverarbeiten.

RÜHRTEIG

200 g Butter
200 g Zucker
5 Eier
Salz
1 unbehandelte Zitrone
80 ml Milch
400 g Mehl
1 Päckchen Backpulver

Die weiche Butter in einer Schüssel cremig schlagen, anschließend nach und nach den Zucker einrieseln lassen und alles rühren, bis sich der Zucker aufgelöst hat und die Masse schaumig ist. Nun die Eier, 1 Prise Salz, den Zitronenabrieb und die zimmerwarme Milch unterrühren. Zuletzt das Mehl mit Backpulver vermischen und löffelweise unterheben. Den Teig in eine eingefettete Form geben und sofort backen.

QUARK-ÖL-TEIG

450 g Mehl
Salz
1 Päckchen Backpulver
1 Ei
8 EL neutrales Öl
8 EL Milch
250 g Magerquark

In einer Schüssel das Mehl, 1 Prise Salz und das Backpulver vermischen. Ei, Öl und Milch sowie den Quark zugeben und alles zu einem geschmeidigen Teig kneten. Nach Wunsch weiterverarbeiten.

ALTLÄNDER APPELKOKEN

1 Springform

150 g Butter
100 g Zucker
Salz
1 unbehandelte Zitrone
2 Eier
200 g Dinkelvollkornmehl
2 TL Backpulver
3 EL Milch
4 Äpfel
50 g gehobelte Mandelsplitter
25 g Puderzucker

Die weiche Butter nach und nach mit Zucker, 1 Prise Salz, Zitronenabrieb und Eiern schaumig rühren.

Das Mehl mit dem Backpulver vermischen und löffelweise durch ein Küchensieb in die Buttermasse einrühren. Die Masse sollte klebrig und nicht zu trocken sein.

Je nach Konsistenz etwas Milch hinzugeben.

Die Äpfel waschen, schälen, halbieren, entkernen und längs einschneiden.

Den Backofen auf 180 °C Ober-/Unterhitze vorheizen. Die Teigmasse in eine gut eingefettete Springform drücken, grob glatt streichen und mit den Apfelhälften belegen. Zum Schluss die Mandelsplitter darüberstreuen und etwa 50 Minuten im vorgeheizten Ofen backen.

Den Kuchen abkühlen lassen, mit einem Messer aus der Springform lösen und vor dem Servieren mit etwas Puderzucker bestreuen.

TIPP
Zum Backen eignen sich saftige Apfelsorten wie Boskoop, Gala oder Jonagold.

ZWETSCHGENKUCHEN MIT STREUSELN

1 Blech oder 1 Springform

325 g Mehl
2 TL Backpulver
170 g Zucker
Salz
2 Eier
175 g Butter
1 kg Zwetschgen

Für den Teig 200 g Mehl, Backpulver, 100 g Zucker und 1 Prise Salz in einer Schüssel vermischen. Anschließend die Eier und 100 g Butter hinzugeben und zu einem Teig verkneten.

Den Teig ausrollen und auf ein gefettetes Blech oder in eine gefettete Springform geben. Die Zwetschgen waschen, halbieren und entsteinen.

Für die Streusel das restliche Mehl, 75 g Butter und 70 g Zucker mischen und zu groben Streuseln verarbeiten. Die Streusel gleichmäßig auf dem Teig verteilen.

Die Zwetschgen mit der Schale nach unten auf den Teig legen. Den Kuchen im vorgeheizten Backofen bei 180 °C Ober-/Unterhitze etwa 45 Minuten backen.

ANRICHTEN
Am besten schmeckt der Kuchen noch warm mit etwas aufgeschlagener Sahne.

TIPP
Wenn möglich immer die kleineren, länglich-ovalen Zwetschgen den größeren Pflaumen vorziehen. Mit weniger Wasser in der Frucht eignen sie sich besser zum Backen und es lässt sich der Kern leichter vom Fruchtfleisch lösen. Frische Zwetschgen haben beim Kauf noch eine weißliche Schicht.

Anstatt Weizenmehl und raffinierten Haushaltszucker Dinkelvollkornmehl und Kokosblütenzucker verwenden. Zur besseren Konsistenz und Geschmeidigkeit dem Teig zusätzlich etwas Wasser oder Milch zugeben.

ERNTEFEST

WAGEN AUF WAGEN
SCHWANKTE HEREIN,
SCHEUNE UND BÖDEN
WURDEN ZU KLEIN:
DANKET DEM HERRN UND
PREIST SEINE MACHT,
GLÜCKLICH IST WIEDER DIE
ERNTE VOLLBRACHT.
HOCH AUF DER FICHTE
FLATTERT DER KRANZ,
GEIGEN UND BRUMMBASS
LADEN ZUM TANZ;
LEICHT WIRD DAS LEBEN
TROTZ MÜHE UND PLAG,
KRÖNET DIE ARBEIT EIN
FESTLICHER TAG.
SEHT IHR DER KINDER
FRÖHLICHE SCHAR,
BLÜHENDE WANGEN,
GOLDLOCKIGES HAAR?
HÖRT IHR SIE JUBELN? O
LIEBLICHES LOS,

FÄLLT IHNEN REIF DOCH DIE
FRUCHT IN DEN SCHOSS!
WIR ABER FURCHEN, DEN
PFLUG IN DER HAND,
MORGEN GESCHÄFTIG
AUFS NEUE DAS LAND;
EWIG JA REIHT, NACH DES
EWIGEN RAT,
SAAT SICH AN ERNTE UND
ERNTE AN SAAT.

JULIUS STURM (1816–1896)

ERNTEDANKFEST BEIM BAUERN

Organistenweg
McCORMICK

ERNTEDANKFEST BEIM BAUERN

In meiner zweiten Ernte wurde ich zum Saisonende vom Bauern zum Erntedankfest eingeladen. Es muss Ende Oktober, Anfang November gewesen sein. In der Halle des Hofes, in der das Obst sortiert und gelagert wurde, waren Tische und Stühle aufgebaut. Alle Erntehelfer waren geladen und es gab Musik und reichlich zu essen. Wir Dorf-Teenies saßen als Gruppe zusammen, unweit vom Bauern und seiner Frau. Ein wundervoller Abend, an dem sich Bauer und Bäuerin herausgeputzt hatten und bei ihren treuen Helfern großzügig bedankten.

Wenn man bei einem Bauern des Dorfes als Erntehelfer im Einsatz war, war es undenkbar, woanders ebenfalls zu arbeiten. Im Dorf, wo jeder jeden kannte und man nicht selten miteinander verwandt war, legte man Wert darauf, dass die Familie nicht durch »Spionage« unterwandert wurde. Es war wie ein Wettbewerb im Dorf um den größten Hof, um mehr Hektar und wer den größten Mercedes fuhr. Die 1980er Jahre waren die Zeit des Mercedes-Benz 200D/8 mit seinem großen Kühlergrill und dem klassischen Stern darüber sowie des neuen Modells 200D W123. Das D steht für Diesel, mit welchem die Landwirte für ihre Maschinen subventioniert wurden. Er war das Statussymbol in unserem Dorf. Es war aber auch die Zeit, in der zum Ärger ihrer Besitzer die großen Kühlersterne begehrtes Diebesgut waren. Und: Was für den Bauern der Mercedes, war für deren Söhne und Töchter der Traktor. Noch weit entfernt von der Berechtigung eines Führerscheins wetteiferten sie auf Höfen und Äckern um die besten Fahrkünste. Mein Ziel zu der Zeit war maximal ein Mofa. Herkules und Zündapp waren die begehrten Fabrikate. Letztendlich blieb ich aber bis zum Pkw- und Motorradführerschein meinem Rennrad treu und trat gerne so manches Wettrennen mit den Mofas an.

Das Erntefest des Bauern war so auch ein Signal nach außen, zu den Nachbarn, den Kollegen und Konkurrenten im Dorf. Die Tage danach fragte man sich, wer die beste Party für seine Erntehelfer organisiert hatte. Und weil immer Unterstützung fehlte, war es immer auch ein Bemühen um die Erntehelfer, dem Obsthof in der nächsten Erntesaison treu zu bleiben.

Es gab am Abend Kölsch in den typisch schmalen Gläsern. Ein leichtes Bier, das sich kalt, süffig schnell wegtrinken lässt, bis es urplötzlich – ich glaube bei mir nach dem zehnten oder zwölften Glas – im Kopf zuschlägt. Es war mein erstes Mal, dass ich betrunken war. Der Bauer und seine Söhne fragten mich besorgt am Ende des Abends, ob sie mich nicht nach Hause bringen sollten. Ich aber, der an diesem Abend standhaft am Kölschglas zum »Mann« geworden war und sich den Respekt als Zugezogener im Dorf erworben hatte, lehnte natürlich großzügig ab. So torkelte ich im Geist aufrecht die Schmiedegasse des Dorfes hinunter nach Hause, glücklich über das im Dorf Erreichte und in Vorfreude auf die nächste Erntesaison. Meine Mutter hingegen empfing mich an der Tür mit großem Entsetzen.

Während man andernorts Erntedank Anfang Oktober feiert, befindet man sich im Alten Land dann noch mitten in der Apfelernte. Je nach Sorte und Wetter dauert die Erntezeit bis November. Deshalb feiert man das Erntedankfest im Alten Land später als anderswo. In Neuenfelde und Francop ist der Termin am letzten Oktoberwochenende mit einem Umzug am Sonnabend durchs Dorf und dem Gottesdienst am Sonntag. Das Binden der Erntekrone erfolgt am Freitag zuvor durch die Landfrauen. Höhepunkt der zahlreichen Erntedankfeste im Alten Land ist der Matthias-Markt mit Gottesdienst in Jork im November.

KRABBENBIRNEN

4 Portionen

4 Birnenhälften aus dem Glas
250 g Nordseekrabben
1 Zitrone
etwas frischer Dill
3 EL Joghurt
2 EL süße Sahne
Salz, frisch gemahlener schwarzer Pfeffer, Zucker
Salatblätter zum Anrichten

Die Birnenhälften abtropfen lassen, mit den Krabben füllen und mit etwas Zitronensaft beträufeln. Den Dill waschen und klein schneiden.

Für die Sauce den Joghurt mit der Sahne verrühren, mit den Gewürzen abschmecken und über die Krabben geben.

ANRICHTEN

Die Birnenhälften auf jeweils einem Salatblatt auf Tellern anrichten und mit einer Zitronenscheibe und etwas Dill garnieren.

TIPP

Nach Wunsch die Sauce mit etwas Weinbrand verfeinern.

APFEL-PAPRIKA-SALAT

2–3 Portionen

2 Äpfel
2 rote Paprikaschoten
1 mittelgroße rote Schalotte
4 EL Olivenöl
2 EL trüber Apfelessig
Salz, Zucker, frisch gemahlener schwarzer Pfeffer
Petersilie zum Anrichten

Äpfel und Paprikaschoten waschen, vierteln, entkernen und in grobe Würfel schneiden. Schalotte abziehen, halbieren und fein würfeln. Alles in einer Schüssel vermengen.

Öl, Apfelessig und Gewürze in einer Extraschüssel miteinander verrühren und abschmecken und anschließend mit den Äpfeln und der Paprika vermischen. Vor dem Servieren den Salat etwas durchziehen lassen. Mit gehackter Petersilie bestreut servieren.

TIPP

Anstatt Zucker 1 EL Honig-Dijonsenf für die Vinaigrette verwenden, zusätzlich vor dem Servieren Bananenscheiben hinzugeben und nach Geschmack klein gehackte Walnüsse drüberstreuen.

APFELMUS

4 Portionen

700 g süße Äpfel
Saft von ½ Zitrone
80 g Rohrzucker
1 Prise Zimt

Die Äpfel schälen, vierteln, das Kerngehäuse entfernen und in kleine Stücke schneiden. Die Apfelstücke mit Zitronensaft beträufeln, in einem Topf mit 200 ml Wasser zum Kochen bringen und bei schwacher Stufe etwa 15–20 Minuten weich kochen.

Die Apfelstücke mit einem Pürierstab grob zu einem Mus pürieren und mit Zucker und Zimt abschmecken.

TIPP
Lecker schmeckt Apfelreis: Dafür das Mus unter gegarten Milchreis rühren.

DER HOLLERNER HOF

DER HOLLERNER HOF

Ein zentrales Wirtshaus ist für ein Dorf wichtig, so wie ein Wirt mit üppigen Portionen für den Puls der Gemeinschaft wichtig ist. Ist ein Festsaal vorhanden, finden hier die Versammlungen und Feste statt. Die Kegelbahn ist Treffpunkt für örtliche Vereine. So war es auch in meiner Jugend. In einer Zeit, in der Dörfer zu Schlafstätten werden, verschwinden diese soziale Strukturen leider immer mehr.

Der Vorbesitzer des Gasthof in Hollern-Twielenfleth hatte Konkurs angemeldet. Der Abriss des Gebäudes war bereits geplant, bis eine Familie des Dorfes den Hof erwarb, um ihn zu erhalten. 2014 entschloss sich dann der Österreicher Robert Seir, das Gebäude zu pachten. Die Liebe hatte ihn einst ins nahe Stade verschlagen. Seine Ausbildung zum Restaurantfachmann absolvierte er mit Auszeichnung im heutigen Hotel Sacher in Salzburg. Auf exklusiven Kreuzfahrtschiffen der Cunard Line, wie der legendären QE II, arbeitete er auf internationalem Niveau und lernte die Welt kennen.

Als Zugezogener und neuer Pächter war sein Start im Dorf allerdings nicht einfach. Zum Schlüsselerlebnis wurde für ihn ein örtlicher Verein, der in seinem dritten Jahr – er wollte zwischenzeitlich schon aufgeben – zu einer Versammlung eingeladen hatte. Am Ende der Veranstaltung kam ein Gast auf ihn zu, bedankte sich herzlich für den gelungenen Abend und fügte hinzu, er wisse, dass man es ihm als Pächter nicht immer leicht gemacht habe, aber von nun an werde man dafür sorgen, dass er auch bleibe. Was diese Worte wert sind, zeigte sich wenige Jahre später während der Corona-Pandemie. Für die Solidarität und Hilfe der Dorfgemeinschaft und der Gemeinde ist Herr Seir bis heute sehr dankbar. Heute finden im Festsaal des Gasthauses wieder regelmäßig Veranstaltungen, Feste und Bälle statt und die Kegelbahn ist der Treffpunkt von 40 Kegelclubs. Neben den Einheimischen werden in den Sommermonaten auch zahlreiche Urlauber bewirtet, die in der Region Erholung suchen.

Auf der Speisekarte finden sich die Klassiker und Vertrautes aus der Region, wie Scholle Finkenwerder Art, Grützwurst oder Elbstromteller, aber auch immer mal wieder Spezialitäten aus seiner österreichischen Heimat wie das Kalbsschnitzel Wiener Art, Kaiserschmarrn oder Pinzgauer Kasnocken. Der wiederbelebte Hollerner Hof ist ein gutes Beispiel dafür, wie alte Traditionen und Strukturen auch wieder aufblühen und sich weiterentwickeln können.

KALBSSCHNITZEL MIT PREISELBEEREN UND PETERSILIEN-KARTOFFELN

4 Portionen

4 Kalbsschnitzel à 150–200 g
Salz, frisch gemahlener schwarzer Pfeffer
3 Eier
100–150 g Mehl
150–200 g Semmelbrösel
Butterschmalz zum Braten
500 g festkochende Kartoffeln
20 g Butter
1 Bund Petersilie, gehackt
200 g Preiselbeeren aus dem Glas
Zitronenscheiben, nach Wunsch
1 frische Feige und Sprossen zum Garnieren

Für das Schnitzel die Fleischscheiben zwischen Frischhaltefolie legen und mit dem Fleischklopfer zart ausklopfen, sodass sie nur wenige Millimeter dick sind. Das Fleisch auf beiden Seiten salzen und pfeffern.

Die Eier aufschlagen, in einen tiefen Teller gleiten lassen und verquirlen. In einen zweiten Teller das Mehl und in einen weiteren die Semmelbrösel geben.

Die Kalbsschnitzel zuerst in Mehl wenden, danach durch die Eier ziehen und anschließend in den Semmelbröseln wälzen. Darauf achten, dass bei jeder Station das Fleisch ganz bedeckt wird.

In einer großen Pfanne Butterschmalz erhitzen und die Schnitzel darin schwimmend backen, bis sie eine goldbraune Farbe haben. Danach herausnehmen und das überschüssige Fett mit Küchenkrepppapier abtupfen.

Die Kartoffeln waschen, schälen und in Salzwasser kochen, bis sie gar sind. Etwas abdampfen lassen, dann mit etwas Butter bestreichen und mit der gehackten Petersilie bestreuen.

ANRICHTEN

Die Schnitzel auf flache Teller legen, die Petersilienkartoffeln und nach Wunsch Preiselbeeren daneben anrichten. Nach Wunsch mit Zitronenscheiben, einigen Sprossen, Petersilienblättern und einer Feigenspalte garniert servieren.

ZANDERFILET GEBRATEN AUF ROTER BETE

4 Portionen

2 Knollen Rote Bete, frisch oder gegart
1 Zwiebel
Butterschmalz zum Braten
450 ml Gemüsebrühe
100 g Crème fraîche
Meerrettich
Salz, frisch gemahlener schwarzer Pfeffer
4 Zanderfilets à 150–200 g, mit Haut
etwas Mehl
Zitronenscheiben und Dill zum Garnieren

Die frische Rote Bete waschen und in kochendem Salzwasser etwa 45 Minuten garen. In kaltem Wasser abschrecken, etwas abkühlen lassen, dann schälen. Die Hälfte der Roten Bete würfeln und den Rest in Stifte schneiden.

Die Zwiebel abziehen, würfeln und zusammen mit den Rote-Bete-Würfeln in 1 EL Butterschmalz andünsten. Die Gemüsebrühe angießen und alles einige Minuten köcheln lassen. Anschließend pürieren, die Crème fraîche zugeben und kurz erhitzen. Mit Meerrettich, Salz und Pfeffer abschmecken.

Die Zanderfilets waschen, trockentupfen, mit Salz und Pfeffer würzen und in Mehl wenden. Butterschmalz in einer Pfanne erhitzen, Zanderfilets kurz auf der Fleischseite anbraten, dann auf der Hautseite etwa 5 Minuten gar braten.

In der Zwischenzeit die Rote-Bete-Stifte in 1 EL Butterschmalz dünsten und mit Salz und Pfeffer würzen.

ANRICHTEN

Die Rote-Bete-Sauce auf vorgewärmte Teller verteilen. Den Fisch daraufsetzen und mit Zitronenscheiben und etwas Dill garnieren. Die Rote-Bete-Stifte daneben anrichten oder getrennt dazu reichen. Dazu passen Salzkartoffeln und gedünstete Brokkoliröschen.

DAS LICHT UND DER KLANG EINER MALERISCHEN KULTURLANDSCHAFT

DAS LICHT UND DER KLANG EINER MALERISCHEN KULTURLANDSCHAFT

Am Rande des Dorfes wohnten wir in einem Mehrfamilienhaus. Über uns wohnte ein junges Paar mit zwei kleinen Kindern. Er war Arzt und sie Malerin. »Wow, eine richtige Künstlerin im Haus«, dachte ich fasziniert, denn der Kunstunterricht gehörte schon lange zu meinen Lieblingsfächern. Meistens malte sie den Blick aus ihrem Atelier auf die Landschaft und die Plantagen. Zu jeder Jahreszeit mit wechselnden Lichtern und Farben zeichnete und malte sie immer wieder diesen einen Blick auf die Obstplantagen. Es war ihre Faszination für diese Landschaft. Für die meisten Einheimischen etwas befremdlich, war man doch stolz, eine Künstlerin im Dorf zu haben. Bei ihr habe ich mein erstes Ölbild gemalt und fand meine Leidenschaft auf dem Weg zum späteren Kunststudium. Dass ich später vor allem das Licht vorrangig auf den Film meiner Kamera bannen würde, wusste ich damals noch nicht.

Das Licht, die Natur und das einfache, harte Leben auf dem Lande hat schon immer bildende Künstler angezogen. Ganze Künstlerkolonien wie die in Worpswede um Otto und Paula Modersohn und Heinrich Vogeler fühlten sich von der Natur auf dem Land angezogen. Sie porträtierten die Landschaft und einfache Menschen bei der Arbeit. 100 Jahre zuvor hatte Caspar David Friedrich die Natur und das Licht romantisch als Ort der Besinnung gefeiert. Mit Richard Eggers (1905–1995), einem Vertreter des Postimpressionismus, hat das Alte Land auch einen überregional bekannten Künstler. Unter freiem Himmel malte er die norddeutsche Landschaft zwischen Lühe und Este und die bäuerliche Idylle. Seine Werke sind ein einzigartiges Zeugnis des Marschlandes und seiner Menschen. Sein Sohn Carsten Eggers (1958–2021), in Stade geboren, wurde als Bildhauer ebenfalls Künstler. Seine lebensgroßen Bronzestatuen sind heute in ganz Norddeutschland zu finden. Im Alten Land gibt es den den Ole Schipper in Estebrügge, den Mönch Heinrich in Steinkirchen und den Flethenkieker in Buxtehude.

Das Alte Land hat aber noch einen weiteren Künstler von überregionaler Bedeutung, einen der berühmtesten Orgelbauer seiner Zeit. Die Orgelneubauten von Arp Schnitger (1648–1719) wurden stilbildend für die norddeutsche Barockorgel. Von 1685 bis 1687 baute er im Alten Land seine heute noch erhaltene Orgel für St. Martini et Nicolai in Steinkirchen. In Neuenfelde ist Schnitger begraben. Dort in St. Pankratius findet sich ebenfalls eine Schnitger-Orgel, ebenso in St. Mauritius in Hollern. Orgelkonzerte im Alten Land sind heute ein besonderes Klangerlebnis für Orgelliebhaber aus der ganzen Welt.

Gott allein
die Ehre
Renoviret Anno 1771
Renovieret Anno 1815

BIRNEN, BOHNEN UND SPECK

Im Unterschied zum norddeutschen Eintopfklassiker, bei dem die Zutaten im Sud geköchelt werden, wird hier blanchiert und in der Pfanne gegart.

4 Portionen

600 g Bohnen (frisch oder tiefgefroren)
4 Birnen (feste Augustbirnen mit noch wenig Süße)
150 g Bauchspeck
1 mittelgroße Zwiebel
2 EL Öl
Salz, frisch gemahlener schwarzer Pfeffer, Thymian

Die frischen Bohnen waschen, putzen, Enden abschneiden und im Kochtopf mit Wasser und etwas Salz etwa 8 Minuten bissfest kochen. Danach die Bohnen mit kaltem Wasser abschrecken. Gefrorene Bohnen etwa 5 Minuten kochen.

Die Birnen waschen, vierteln und entkernen. Sollten die Birnen sehr fest sein, zuvor einige Tage bei Zimmertemperatur nachreifen lassen. Weiche Birnen sind ungeeignet.

Die Speckschwarte abschneiden und wie die abgezogene Zwiebel in kleine Würfel schneiden.

In einer Pfanne das Öl erhitzen, den Speck und die Zwiebelwürfel darin kurz anbraten. Anschließend die Bohnen und Birnenwürfel zugeben und bei mittlerer Temperatur etwa 5 Minuten garen. Bohnen und Birnen sollten noch etwas Biss haben. Zum Schluss mit Salz, Pfeffer und Thymian würzen.

Zu diesem Gericht passen frische Matjes, aber auch geräucherter oder gebratener Fisch.

GRÜNKOHL

4 Portionen

1 kg frischer Grünkohl
1 große Zwiebel
2 EL Schweineschmalz oder neutrales Öl
300 ml Gemüsebrühe
250 g Speck
500 g Kasseler
4 Kohlwürste
Salz, frisch gemahlener Pfeffer, Zucker
2 EL Senf

Den Grünkohl gründlich waschen, die Blattstiele entfernen und in kochendem Wasser kurz blanchieren, damit sich die Bitterstoffe aus dem Grünkohl lösen. Anschließend den Kohl in grobe Stücke schneiden.

Die Zwiebel abziehen, in kleine Würfel schneiden und in einem Topf mit Schweineschmalz oder Öl anschwitzen. Den Grünkohl und die Gemüsebrühe zugeben und bei geringer Hitze etwa 30 Minuten köcheln lassen.

Den Speck und das Kasseler zum Grünkohl geben und alles weitere 30 Minuten köcheln lassen. Die Kohlwürste in heißem Wasser garen. Danach das Fleisch aus dem Topf entnehmen und warm stellen. Den Eintopf mit Salz, Pfeffer, Zucker und Senf abschmecken und mit Salzkartoffeln anrichten.

GRÜTZWURST MIT HIMMEL UND ERDE

2 Portionen

500 g Grützwurst frisch vom Metzger (Grützwurst gibt es mit und ohne Rosinen)
1 mittelgroße Zwiebel
400 g mehligkochende Kartoffeln
4 EL Milch
½ EL Butter
Salz, frisch gemahlener schwarzer Pfeffer, Muskat
1 EL Butterschmalz
2 Portionen Apfelmus (siehe Seite 127 oder aus dem Glas)
Petersilie zum Garnieren

Die Wurst pellen und in Scheiben schneiden. Die Zwiebel abziehen und in Ringe schneiden. Die Kartoffeln schälen und vierteln.

Die Kartoffeln in etwas Wasser kochen. Sobald sie gar sind, das Wasser abgießen. Milch und Butter hinzufügen und alles zerstampfen. Mit Salz, Pfeffer und Muskat abschmecken.

Das Butterschmalz in einer Pfanne erhitzen und die Grützwurstscheiben bei mittlerer Hitze darin braten. Sobald sie cremig sind, mit Salz und Pfeffer abschmecken.

Die Zwiebeln getrennt in einer Pfanne in etwas Fett anschwitzen.

ANRICHTEN

Den Kartoffelbrei mit der Gützwurst, den gerösteten Zwiebeln und etwas Apfelmus, am besten frisch zubereitet und noch warm, auf einem Teller anrichten. Mit Petersilie bestreut servieren.

TIPP

Etwas mehr Pep bekommt das Gericht wenn man die Wurst zum Schluss mit Chili würzt. Anstatt die Grützwurst zu braten, kann man sie auch in heißem Wasser etwa 10 Minuten erwärmen. Anstatt der Stampfkartoffeln schmecken auch Salzkartoffeln dazu.

Fischräuch
Hornbrooker Hof

LOLLIS, LAKRITZ-SCHLANGEN UND KAMELLEN

LOLLIS, LAKRITZSCHLANGEN UND KAMELLEN

In den 70er Jahren gab es in unserem Dorf noch einen Krämerladen und einen Bäckermeister. Beim Bäckermeister im Ort habe ich Brot oder Brötchen geholt und im Krämerladen nach der Schule etwas Süßes. Die Metzgerei mit eigener Schlachtung war im Nachbardorf. Beim Bauern an der Oevericherstraße holte ich täglich die frisch gemolkene Milch. Nur gekühlt und nicht pasteurisiert, füllte mir der Bauer die Milch in seinem Stall in meinen mitgebrachten Emaillekrug. Der Sohn des Bauern hatte mir seine Tiere vorgestellt, sodass ich die Kühe mit Namen kannte. Das Vertrauen und die Zuneigung zu seiner Lieblingskuh waren so groß, dass die beiden manchmal einen gemeinsamen Ausritt im Hof oder auf der Weide hinter dem Haus wagten.

Auf dem Tresen des Krämerladens reihten sich große Glasbehälter mit Kamellen (rheinisch für Bonbons), Lakritzschlangen und Lutschern in allen Farben und Geschmacksrichtungen. Die Besitzerin, eine ältere Dame, hob die großen Glasdeckel an und stellte nach unseren Wünschen eine Tüte zusammen, die wir Kinder sofort auf dem nahe gelegenen Spielplatz neben der Kirche verzehrten. So fand mein Taschengeld immer sehr schnell seine Bestimmung.

Heute gibt es viele diese Angebote in den Dörfern nicht mehr. Läden und Handwerksbetriebe sind oft verschwunden. Es finden sich keine Nachfolger oder das Geschäft lohnt sich nicht mehr. Bäuerliche Betriebe werden industrialisiert und verlieren ihren Charme des Zusammenlebens von Mensch und Tier. Dörfliche Strukturen und Treffpunkte gehen verloren. Vielerorts ist es heute still geworden auf dem Land. Doch was wäre unsere Esskultur ohne diese kleinen Produzenten, Handwerksbetriebe, Manufakturen und Krämerläden? Oft über Generationen hinweg sind hier die Produkte entstanden, die wir heute industriell gefertigt nach »Omas Rezept« im Supermarkt finden.

Auch wenn im Alten Land sicherlich eine ähnliche Entwicklung zu beobachten ist, gibt es hier noch einzelne Betriebe, wie den Fleischer, den Bäcker, die Räucherei, den Elbfischer oder auch den Müller in der Windmühle, die einen Besuch lohnen. Empfehlungen finden Sie auf Seite 178.

AAL GERÄUCHERT AUF SCHWARZBROT

Aufgrund der stark zurückgehenden Bestände ist der Aal zur Delikatesse geworden und sollte besonderen Momenten vorbehalten bleiben.

4 Portionen

600–800 g frisch geräucherter Aal
4 Scheiben Schwarzbrot
1 EL Butter
Salz, frisch gemahlener schwarzer Pfeffer
½ Zitrone

Den Aal in die gewünschte Größe schneiden. Je nach Wunsch zuvor häuten. Die Haut isst man nicht mit. Sie lässt sich leicht von der Unterseite beginnend abziehen. Danach das Filet mittig auf der Oberseite einschneiden und von der Mittelgräte trennen.

Auf einer Scheibe Brot mit etwas Butter und einer Scheibe Zitrone auf einem Teller anrichten und servieren.

TIPP

Die Aalfiletstücke im Ofen bei 50 °C auf mittlerer Schiene etwas anwärmen. Sehr gut passt dazu auch Rührei mit Schnittlauch.

BÄCKEREI PFEIFFER

BÄCKEREI PFEIFFER

Frische Brötchen, knuspriges Brot, leckere Kuchen und köstliche Torten direkt aus der Familienbackstube. Backmischungen, Fertigprodukte und Zusatzstoffe gibt es nicht. Das Mehl kommt aus der nahe gelegenen Windmühle Hollern-Twielenfleth. Der Sauerteig wird selbst angesetzt. Dies ist Handwerk mit Herz und Leidenschaft in Steinkirchen. Den Unterschied schmeckt man.

Karl Wilhelm Pfeiffer kam nach dem Krieg 1952 aus Schlesien ins Alte Land. Als gelernter Backmeister fand er Arbeit in der damals alteingesessenen Bäckerei Horst in Steinkirchen. Die Chefin war verwitwet und ohne eigenen Nachfolger. So ergab sich 1958 für ihn die Möglichkeit, den Betrieb zu übernehmen und zu pachten.

Sein Sohn Karl Heinz Pfeiffer, ebenfalls Bäckermeister, führte den Traum seines Vaters weiter und baute mit seiner Frau Ute den Betrieb aus. Heute beschäftigt die Bäckerei rund 50 Mitarbeiter, verteilt auf fünf Ladengeschäfte und zwei Verkaufswagen. Auf Wochenmärkten bis nach Hamburg ist man präsent.

Gebacken werden typische Altländer Brot- und Kuchenspezialitäten wie der traditionelle Altländer Butterkuchen, saftig und fluffig, aber auch eine Apfelkruste, eine Eigenkreation eines herzhaften Vollkornbrotes mit in den Teig gekneteten rohen Apfelwürfeln.

Mit Anna-Lena Pfeiffer-Dicks, gelernte Konditormeisterin, und ihrem Bruder, gelernter Bäcker, arbeitet nun die dritte Familiengeneration mit Herz und Leidenschaft für die Altländer Backkunst im Familienbetrieb.

Bäcker
Pfeiffer
Anna-Lena Pfeiffer

ALTLÄNDER HOCHZEITS-ROSINENBROT

2 Brote

20 g Hefe
40 g Vollmilchpulver
500 g Weizenmehl
75 g Zucker
8 g Salz
100 g Butterschmalz
175 g Rosinen
1 Ei

Die Hefe und das Vollmilchpulver in 275 g lauwarmes Wasser einrühren. Mehl, Zucker und Salz in eine Schüssel geben. Anschließend die Hefemilch und das Butterschmalz zufügen und mit der Küchenmaschine zu einem weichen Teig verarbeiten. Den Teig zum Schluss mit den Händen zu einer Teigkugel kneten. Bei Zimmertemperatur abgedeckt etwa 30 Minuten gehen lassen.

Die Rosinen in ein Sieb geben, abspülen, abtropfen lassen und trockentupfen.

Den Teig auf etwas Mehl gut durchkneten, dabei die Rosinen untermengen. Dann den Teig in zwei gleich große längliche Laibe (etwa 20 cm) formen. Auf ein Blech mit Backpapier legen. Dort nochmals 1 Stunde bei Raumtemperatur zugedeckt gehen lassen.

Die Laibe mit dem verquirlten Ei bestreichen. Das Rosinenbrot im vorgeheizten Ofen auf unterer Schiene bei 170 °C etwa 30 Minuten backen. Eine Schale mit Wasser im Ofenraum platzieren, damit Wasserdampf entstehen kann.

BRAUNE KUCHEN (WEIHNACHTLICHE KEKSE)

etwa 50 Stück

125 g Butter
125 g Zucker
1 Prise Salz
3 EL Spekulatiusgewürz
3 Tropfen Bittermandel-Backaroma
1 Ei (Kl. M)
180 g Mehl
100 g Mandeln, fein gemahlen

Die zimmerwarme, aber nicht zu weiche Butter, den Zucker, Salz, Spekulatiusgewürz und Bittermandelaroma mit den Knethaken des Handrührers glatt rühren. Das Ei einarbeiten. Mehl und Mandeln kurz unterkneten. Teig zu einer Kugel formen und flach drücken. In Folie gewickelt 2 Stunden kalt stellen.

Den Backofen auf 190 °C (Umluft 170 °C) vorheizen. Den Teig gleichmäßig ausrollen. Mehrfach mit einer Gabel einstechen und Formen nach Wunsch ausstechen. Auf ein mit Backpapier belegtes Blech (40 × 30 cm) legen und im Ofen auf mittlerer Schiene 15–18 Minuten backen. Dann auf einem Kuchengitter abkühlen lassen.

BUTTERKUCHEN

1 Blech

FÜR DEN VORTEIG
30 g Hefe
300 g Weizenmehl

FÜR DEN HAUPTTEIG
300 g Weizenmehl
60 g Zucker
75 g Butterschmalz, weich
40 g Vollmilchpulver
6 g Salz
90 g Vollei
Zitronenabrieb oder gemahlene Vanille
30 g Wasser

FÜR DIE VANILLEBUTTER
1 Vanilleschote
250 g Butter
50 g Puderzucker

FÜR DEN BELAG
75 g Mandelblättchen
50 g Zucker

Für den Vorteig die Hefe in 180 ml Wasser auflösen. Zum Mehl geben und etwa 5 Minuten mit dem Knethaken der Küchenmaschine verkneten. Es soll ein glatter Teig entstehen. Den Vorteig am besten über Nacht im Kühlschrank abgedeckt stehen lassen. Am nächsten Tag aus dem Kühlschrank nehmen und etwa 1 Stunde bei Raumtemperatur abgedeckt stehen lassen.

Für den Hauptteig alle Zutaten plus den Vorteig mit den Knethaken der Küchenmaschine etwa 5–8 Minuten zu einem glatten Teig verkneten. Zugedeckt an einem warmen Ort etwa 1 Stunde gehen lassen.

Für die Vanillebutter die Vanilleschote längs einschneiden, das Mark herauskratzen. Vanillemark, die weiche Butter und den Puderzucker mit dem Schneebesen der Küchenmaschine in 5 Minuten sehr cremig rühren. Die Masse in einen Einweg-Spritzbeutel füllen, bei Zimmertemperatur beiseitelegen.

Den Hefeteig in der Schüssel mit einem Kochlöffel gut durchschlagen. Den Teig auf ein mit Backpapier belegtes tiefes Backblech (30 × 40 cm) geben und mit gut bemehlten Händen gleichmäßig auf dem Blech verstreichen. Dann den Teig mit einem kleinen Rollholz gleichmäßig ausrollen. Den Teig abgedeckt weitere 30 Minuten gehen lassen.

Mit dem bemehlten Daumen dicht an dicht Mulden in den Teig drücken. Vom Einweg-Spritzbeutel eine Spitze abschneiden. Vanillebutter in die Mulden spritzen. Mandelblättchen und Zucker auf den Kuchen streuen. Im vorgeheizten Backofen bei 200 °C (Umluft 180 °C) auf der mittleren Schiene 15–20 Minuten backen. In 24 Stücke schneiden und am besten warm servieren.

»ELLENS LECKER MAMALADE«

»ELLENS LECKER MAMALADE«

Die Erntezeit ist eine Zeit der Freude, aber auch immer der Arbeit. Als es die heutigen Lagermöglichkeiten noch nicht gab, mussten Gemüse und Obst rasch eingemacht werden als Rationen für die langen, dunklen und vitaminarmen Monate. Im Keller füllten sich Regale mit Einmachgläsern.

In der Kleinstadt Meckenheim, unweit meines Dorfes, kocht man im Herbst bis heute das bekannte rheinische Apfelkraut. Über dem Ort liegt immer ein besonderer süßlicher Geruch, wenn das frisch geerntete Obst oder auch Zuckerrüben zum braunen, sirupähnlichen Brotaufstrich gekocht werden. Im Alten Land verarbeitet man das Obst zu herrlichen Marmeladen, eine jahrhundertealte Form der Konservierung. Bereits in der Antike kochten Griechen Quitten mit Honig zu »Mermelata«. Die Römer kochten Zwetschgen mit Rohrzucker ein zu dem, was wir heute unter Marmelade verstehen.

Auf die jährlichen Zusendungen selbst gemachter Marmeladen meiner Mutter und meiner Schwester aus der Heimat freue ich mich immer. Auch wenn man das Elternhaus lange verlassen hat, bleibt man so mit dem sonntäglichen Frühstückstisch der Familie verbunden. Ellen Dambrowski im Alten Land verband eine solche Familientradition mit ihren Angehörigen in Franken. Auch bei ihr zu Hause kochten Mutter und Großmutter stets die eigenen Früchte des Gartens zu herrlichen Konfitüren.

Nachdem ihre Tochter immer mehr die familieneigene »MamaLade« der Großmutter aus Franken vermisste und gekaufte Produkte kein Ersatz waren, begann sie, selbst Konfitüren zu kochen. Die Resonanz im Alten Land auf ihre Fruchtaufstriche war über ihre Familie hinaus so gut, dass sie sich selbstständig machte und heute ein vielfältiges Sortiment für jeden anbietet. Fruchtaufstriche deshalb, weil die Konfitürenverordnung von 1982 die Marmeladenprodukte auf Zitrusfrüchte beschränkt und Ellen Dambrowski gerne auch unterschiedlichste Zutaten miteinander kombiniert.

Sie kocht traditionell nach dem Mondkalender bei aufsteigendem Mond. Das Obst stammt direkt von Bekannten und Produzenten im Alten Land. Die Hagebutten sammelt der Schwiegervater und die heute fast vergessene Mispelfrucht bekommt sie aus Vierlanden elbaufwärts. In ihren Produkten finden sich bewusst keine Fruchtstücke und sie achtet darauf, dass ihr Gelierzucker keine gehärteten Fette enthält. Sie verwendet keine Konservierungsstoffe oder Geschmacksverstärker. Derzeit probiert sie neue Marmeladenrezepturen mit Südfrüchten, zumal wegen des Klimawandels Aprikosen, Melonen und Nektarinen auch immer häufiger im Alten Land angebaut werden.

KIRSCH-SCHOKO-FRUCHTAUFSTRICH

1 kg Sauerkirschen (entsteint)
1 kg Gelierzucker (1:1)
Saft von 1 Zitrone
100 g Zartbitterschokolade

Die Sauerkirschen weich kochen und anschließend fein pürieren. Mit Gelierzucker und Zitronensaft vermengen und aufkochen. Mindestens 4 Minuten sprudelnd kochen lassen. Danach die klein gehackte Schokolade unterheben, nach Wunsch mit Likör verfeinern und sofort in sterile Gläser abfüllen.

KÜRBIS-KAROTTE-BLUTORANGE-FRUCHTAUFSTRICH

500 g Kürbis (z.B. Hokkaido)
500 g Möhren
500 ml Blutorangensaft
1,5 kg Gelierzucker
1 Vanilleschote
Gewürze nach Wunsch, z.B. Zimt

Kürbis entkernen, gegebenenfalls schälen, Möhren schälen und alles in kleine Stücke schneiden. Im Blutorangensaft weich kochen. Mit dem Stabmixer oder im Standmixer fein pürieren und mit Gelierzucker und Gewürzen aufkochen. Mindestens 4 Minuten kochen lassen, danach in sterile Gläser abfüllen.

KÜRBIS-APFEL-FRUCHTAUFSTRICH MIT INGWER

1 kg Apfel (säuerlich)
500 g Kürbis (z.B. Hokkaido)
250 ml Apfelsaft
20 g Ingwer
2 kg Gelierzucker (1:1)
Saft von 1 Zitrone
gemahlener Zimt, Vanille oder Nelkenpulver nach Belieben

Die Äpfel schälen, das Kerngehäuse entfernen und in kleine Stücke schneiden. Den Kürbis entkernen und gegebenenfalls schälen. Mit Apfelsaft und 250 ml Wasser zusammen aufkochen und langsam köcheln lassen, bis alles weich ist. Mit dem Ingwer entweder mit dem Handmixer fein pürieren oder – was ich der besseren Konsistenz halber bevorzuge – mit dem Mixer.

Das Apfel-Kürbis-Püree mit dem Gelierzucker und dem Zitronensaft aufkochen und mindestens 4 Minuten sprudelnd kochen lassen. Nach Belieben mit Zimt, Vanille oder Nelken verfeinern und noch heiß in sterile Gläser abfüllen.

MÜHLENFEST

MÜHLENFEST

Das Wahrzeichen unseres Dorfes ist eine alte Windmühle. Auf einem Hügel hinter dem Dorf thront sie gut sichtbar zwischen den Obstbäumen. Flügel hat sie schon lange nicht mehr gesehen. Viele Jahre war sie nur eine Turmruine, bis sie in den 1970er Jahren von der Gemeinde restauriert wurde.

Die Gemeinde erlaubte uns, der Dorfjugend, den Turm zu mieten und für Partys zu nutzen. Für den fehlenden Strom aus einem Notstromaggregat plus Benzin legten alle Partygäste zusammen. Ein Kumpel aus dem Dorf hatte einen Thorens-Plattenspieler und die legendären, unbezwingbaren Bose-901-Lautsprecher. Dort im Turm inmitten der Plantagen konnten wir ungestört den Verstärker bis zum Anschlag aufdrehen. Die fehlenden Flügel im Wind ersetzten wir mit einem weithin hörbaren »Riders on the Storm« von The Doors. Unsere Mühlenfeste waren in der ganzen Region legendär und so manch große Liebe unter uns Teenagern begann unter den umliegenden Obstbäumen.

Im Alten Land gibt es noch mehrere Windmühlen. Die Windmühle in Hollern-Twielenfleth, ebenfalls inmitten von Obstplantagen, wird noch von einem richtigen Müller betrieben. Inzwischen mahlt Volker Dinglinger das Getreide aus der Region. Der Mühlenverein Venti Amica kümmert sich liebevoll um den Erhalt und veranstaltet im Juni sein beliebtes Mühlenfest und im November einen Mühlenpunsch.

DIE KAFFEEKLAPPE AM LEUCHTTURM

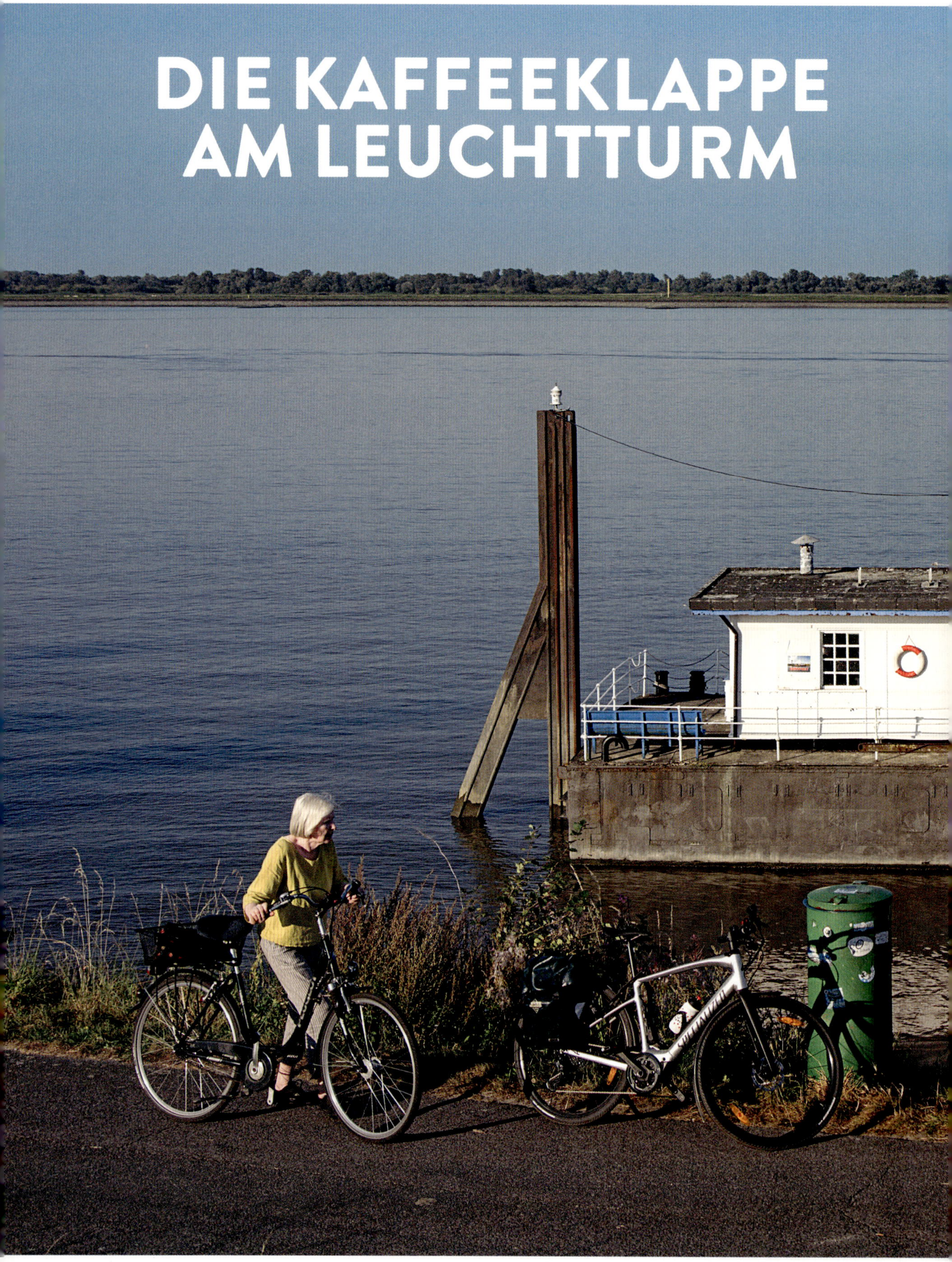

Herzlich Willkommen
zur
Kaffeeklappe

DIE KAFFEEKLAPPE AM LEUCHTTURM

Als Kaffeeklappe bezeichnete man früher in Hamburg kleine Speiselokale. Zumeist im Hafen gelegen, gab es hier preiswerte warme Speisen für die Hafen- und Werftarbeiter. Der Verkauf erfolgte zumeist über eine Klappe in der Tür, die sogenannte Klöntür. Noch vor dem Hähnchengrill an der Ecke und den werkseigenen Kantinen waren sie zu Beginn des 19. Jahrhunderts eine der wenigen, aber wichtigen Verpflegungsmöglichkeiten für die arbeitende Klasse zur Zeit der Industrialisierung. Die Tradition hielt an bis in die 60er Jahre des vergangenen Jahrhunderts. Von einst zahlreichen Kaffeeklappen sind heute leider nur noch sehr wenige erhalten geblieben. Die Oberhafenkantine in der Nähe der Hamburger Deichtorhallen ist eine von ihnen.

Auch das Alte Land hat seine Kaffeeklappe, nicht für Werftarbeiter, sondern für den Naturliebhaber. Wenn hinterm Deich die Bordsteine hochgeklappt sind, trifft man sich von April bis September bei Andrea und Ralf auf einen Pott Kaffee mit frischem, selbst gebackenem Kuchen oder auch auf ein ploppendes Flens (Flensburger Bier mit traditionellem Porzellanverschluss). Unweit des Twielenflether Leuchtturms auf einem Ponton gelegen, hat man von hier aus einen wunderbaren Blick auf die Elbe und die großen Pötte, wie die Containerschiffe hier genannt werden. Ab und zu wird die Ruhe unterbrochen durch eine Glocke. Das ist das Zeichen, dass die Würstchen und die Frikadellen fertig sind. So lässt sich die Flusslandschaft im Alten Land herrlich genießen.

OOCL

ALTLÄNDER DIEKPEDDER

1 Portion

20 ml Altländer Obstler
200 ml naturtrüber Apfelsaft

Im Glas den Obstler mit dem naturtrüben Apfelsaft auffüllen und heiß oder kalt servieren.

TIPP

Den feinen aromatischen Unterschied machen unterschiedliche sortenreine Apfelsäfte. In der Altländer Hofmosterei gibt es Apfelsäfte von Boskoop, Cox, Jonagold, Elstar und vom Finkenwerder Herbstprinz.

ALTLÄNDER DIEKPEDDER

REGISTER DER REZEPTE

ESSEN UND TRINKEN IM ALTEN LAND

- Die Schiffswerft an der Lühe
  https://www.stubbes-gasthaus.de
- Der Gurkenfisch und Airbus
  https://www.elbfischer-buckow.de
- An der Hude der Este
  https://www.hotel-navigare.com
- An der Ecke Umweg/Schützenhofstraße
  https://hotel-altes-land.de
- Altländer Butterkuchenlauf
  https://www.baecker-schrader.de
- Der Wegezoll auf der Geest
  https://viebrocksgasthaus.de
  https://forellenhof-wilke.de
- Die Perlen aus der Este
  https://www.wilkenshoff.de
- Der Hollerner Hof
  https://hollerner-hof.de
- Die Kaffeeklappe am Leuchtturm
  http://die-kaffeeklappe.de

EINKAUFEN IM ALTEN LAND

- Fischräucherei Fritze
  Hinterbrack 6, 21635 Jork
  Mobile Räucherei werktags vormittags auf der Königreicher Straße in Hove gegenüber vom historischen Harmshof
  Geräucherter Fisch
- Bäckerei Pfeiffer
  https://www.bäckereialtesland.de
  Altländer Backwaren
- Ellens MamaLade
  https://www.leckermamalade.de
  Konfitürenmanufaktur
- Windmühle Hein Noodt
  https://windmuehle-hollern-twielenfleth.de
  Verschiedene Mehlsorten, Schrote und Backmischungen
- Hofmosterei
  https://apfelhaus.de
  Sortenreine Apfelsäfte und weitere Fruchtsäfte
- Wurstwaren Quast
  https://www.wurstwaren-quast.de
  Geräucherte Altländer Mettwurst und Schinkenwurst
- Fleischerei Röhrs
  https://fleischerei-roehrs.de
  Apfel-Zwiebel-Leberwurst
- Nordik Edelbrennerei
  https://www.nordik-edelbrennerei.de
  Verschiedene Spirituosen aus Produkten der Region

OBSTHÖFE IM ALTEN LAND

**MIT HOFLADEN UND HOFFÜHRUNGEN,
TEILWEISE MIT HOFEIGENEM OBSTEXPRESS**

- Herzapfelhof Lühs
  https://www.herzapfelhof.de
- Obsthof Matthies
  https://obsthof.de
- Obstparadies Schuback
  https://www.obstparadies-jork.de
- Obsthof Lefers
  https://lefers.de
- Obsthof Schroeder
  http://www.obsthof-schroeder.com
- Obsthof Meyer
  http://apfelgarten-altes-land.de

KULINARISCHER VERANSTALTUNGS-KALENDER

FEBRUAR–APRIL

- Stintessen Elbfischer Buckow

MAI

- Altländer Blütenfest
- Stader Hansemahl, Labskaus-Essen für jedermann

JUNI

- Altländer Wildkräutertage
- Altstadtfest Buxtehude
- Mühlenfest Venti Amica

JULI

- Altländer Kirschenwoche

AUGUST–OKTOBER

- Altländer Apfeltage

SEPTEMBER

- Tag des offenen Hofes
- Apfelfest Steinkirchen
- Hafenfest Steinkirchen

OKTOBER

- Apfel- und Kürbisfest Obstparadies Schuback
- Altländer Butterkuchenlauf Jork

LETZTES OKTOBERWOCHENENDE

- Erntedankfest mit Umzug in Neuenfelde/Francop

NOVEMBER

- Erntedankfest Matthias-Markt Jork
- Mühlenpunsch Venti Amica in Hollern-Twielenfleth
- ab dem ersten Frost vielerorts Grünkohlessen

DANK

In unruhigen Zeiten war die Reise ins Alte Land für mich eine Freude und eine Wertschätzung der kleinen Dinge des Alltags. Etwas Besonderes waren die vielen Begegnungen mit Menschen, die mich an ihren kulinarischen Genüssen teilhaben ließen und mich bei der Arbeit an diesem Buchprojekt unterstützten.

Für ihre Zeit, Freundlichkeit und Unterstützung bedanke ich mich deshalb ganz herzlich bei Dennis Korczanowski vom Hotel Altes Land und seinen Auszubildenden Leon Straver, Elias Car und Lisa Scherban, Christopher Leichsenring vom Wilkenshoff, Thomas Kupfer und Timio Elias Berisha vom Restaurant Seabreeze, Ina Gützlaff und Robert Seir vom Hollerner Hof, Nicole und Marc Stubbe und die Hamburger Hafen Schnackers vom Gasthof Stubbe, Ellen Dambrowski von der Manufaktur Lecker MamaLade, Anna Lena Pfeiffer-Dicks und ihre Familie von der Bäckerei Pfeffer, Lukas Cohrs und Familie vom Gasthof Viebrock, Norbert Laasch von der Räucherei Fritze, Gisela Tamke und die Neuenfelder Landfrauen, Dr. Kai Janofsky und Anja Nagel vom Museum Altes Land in Jork, Lena Römer von der Hansestadt Stade und die Altländer Blütenkönigin Anna Sophie Sietas. Ohne sie wäre diese Buch nicht möglich gewesen.

Danke an den Christian Verlag für das Vertrauen in mich als Autor und die Unterstützung bei diesem Buch.

Danke an die Einwohner von Fritzdorf. Es war eine wunderbare Jugend, die ich hier verbringen durfte.

Dir lieber Heiko wieder vielen Dank für deine Erstkorrektur.

Für mich die wichtigste Stütze und Kraft für meine Arbeit bleibst du, liebe Eliza. Danke für dein Verständnis, deine Geduld und deine Liebe.

RALF NIEMZIG

studierte Fotografie in Köln, Essen und Havanna und arbeitet seit 1995 als freier Fotojournalist. Für Reportagen reiste er rund um den Globus, immer auf der Suche nach neuen Gerüchen und Speisen. Heute lebt er in Hamburg. Für ihn ist regionale Küche, selbst zubereitet, ein Stück gelebte Heimat. Das Alte Land mit seinem Obstanbau vor den Toren Hamburgs fasziniert ihn ebenso, wie es ihn an seine Jugend in einem kleinen Dorf im Rheinland erinnert. Mit seiner Faszination für kulinarische Themen hat er bereits mehrere Kochbücher veröffentlicht und visualisiert.

IMPRESSUM

Verantwortlich: Sonya Mayer
Texte, Adaption der Rezepte und Fotografie:
Ralf Niemzig
Redaktion: Dr. Iris Hahner
Korrektorat: Judith Bingel
Layout: Marcus Taeschner, A flock of sheep
Umschlaggestaltung: Mathias Frisch
Repro: LUDWIG:media
Herstellung: Julia Hegele

Printed in Türkiye by Elma Basim.

Bildnachweis
Alle Fotografien des Umschlags und des Innenteils stammen von Ralf Niemzig.

Rezeptnachweis
Alle Rezepte stammen von den jeweiligen Betrieben und wurden vor Ort fotografiert.

Unser komplettes Programm finden Sie unter

www.christian-verlag.de

oder direkt unter

Sind Sie mit diesem Titel zufrieden? Dann würden wir uns über Ihre Weiterempfehlung freuen.
Erzählen Sie es im Freundeskreis, berichten Sie Ihrem Buchhändler, oder bewerten Sie bei Onlinekauf. Und wenn Sie Kritik, Korrekturen, Aktualisierungen haben, freuen wir uns über Ihre Nachricht an

Christian Verlag, Postfach 40 02 09,
D-80702 München oder per E-Mail an
lektorat@verlagshaus.de

In diesem Buch wird aus Gründen der besseren Lesbarkeit das generische Maskulinum verwendet. Weibliche und anderweitige Geschlechteridentitäten werden dabei ausdrücklich mitgemeint, soweit es für die Aussage erforderlich ist.

Die Deutsche Nationalbibliothek verzeichnet diese Publikation in der Deutschen Nationalbibliografie; detaillierte bibliografische Daten sind im Internet unter http://dnb.d-nb.de abrufbar.

978-3-95961-852-6

Ebenfalls erhältlich ...

ISBN 978-3-95961-757-4

ISBN 978-3-95961-636-2

ISBN 978-3-95961-573-0

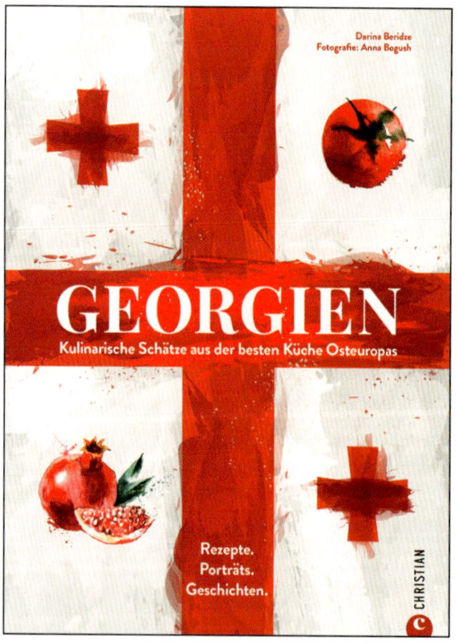

ISBN 978-3-95961-756-7

CHRISTIAN

www.christian-verlag.de